Ludwig Wittgenstein

Edward Kanterian

关键人物·Critical Lives

维特根斯坦

〔英〕爱德华·坎特里安 著
陈永国 译

著作权合同登记号 图字：01-2008-4821

图书在版编目（CIP）数据

维特根斯坦／（英）爱德华·坎特里安（Edward Kanterian）著；陈永国译．—北京：北京大学出版社，2020.7

（关键人物）

ISBN 978-7-301-31052-6

Ⅰ．①维… Ⅱ．①爱… ②陈… Ⅲ．①维特根斯坦（Wittgenstein, Ludwig 1889-1951）-传记 Ⅳ．①B561.59

中国版本图书馆 CIP 数据核字（2020）第 015891 号

Ludwig Wittgenstein by Edward Kanterian was first published by Reaktion Books, London, 2007 in the Critical Lives series.
Copyright © Edward Kanterian 2007
Simplified Chinese translation copyright © 2020 by Peking University Press.
All Rights Reserved.
本书中文简体字版经授权由北京大学出版社限在中华人民共和国境内（不包括香港特别行政区、澳门特别行政区和台湾）独家出版发行。

书　　　名	维特根斯坦 WEITEGENSITAN
著作责任者	〔英〕爱德华·坎特里安（Edward Kanterian）著　陈永国 译
责任编辑	于海冰　李书雅
标准书号	ISBN 978-7-301-31052-6
出版发行	北京大学出版社
地　　　址	北京市海淀区成府路 205 号　100871
网　　　址	http://www.pup.cn　新浪微博：@北京大学出版社 @培文图书
电子信箱	pkupw@qq.com
电　　　话	邮购部 010-62752015　发行部 010-62750672　编辑部 010-62750112
印　刷　者	天津联城印刷有限公司
经　销　者	新华书店
	787 毫米×1092 毫米　32 开本　9.25 印张　169 千字 2020 年 7 月第 1 版　2020 年 7 月第 1 次印刷
定　　　价	59.00 元

未经许可，不得以任何方式复制或抄袭本书之部分或全部内容。

版权所有，侵权必究

举报电话：010-62752024　电子信箱：fd@pup.pku.edu.cn
图书如有印装质量问题，请与出版部联系，电话：010-62756370

目录 Ludwig Wittgenstein

i 序

001 一 家庭与早年生活：1889—1911
027 二 剑桥、挪威和哲学：1911—1914
071 三 战壕里：1914—1918
089 四 逻辑与神秘主义：《逻辑哲学论》
107 五 乡村岁月：1918—1929
143 六 回归剑桥与哲学：1929—1939
193 七 教授职位与战后岁月：1939—1947
225 八 没有隐藏的：《哲学研究》
249 九 晚年：1947—1951
266 十 跋

277 参考书目
284 致 谢

20世纪40年代的维特根斯坦(Wittgenstein),友人本·理查兹(Ben Richards)摄于斯旺西(Swansea)

序

马丁·海德格尔（Martin Heidegger）关于亚里士多德（Aristotle）的一次演讲是这样开头的："亚里士多德出生、工作、死去。现在我们来看看他的思想。"他是在暗示说，一位伟大的哲学家的任何生平细节都与他的哲学毫不相关。人们为了理解一位哲学家的思想所需要做的只是去研究他的著作、他的论文、他的理论和论证。一种相反的同样激进的态度就是把一位思想家的生平看作打开其研究的终极钥匙。他的人格的每一方面，他生活中的任何一件事，对看似毫不相关的一个问题的表态，无论是艺术、政治、道德，还是性的问题，都与他的主要观点秘密地关联着，而任何想要理解这些观点的人都不能忽视前者。我们不能直接用亚里士多德的例子解决这个问题，因为我们对其生平知之甚少。但尽管缺乏生平资料，多少世纪以来，其著作的非常自信的内容和巨大影响意味着第一种态度比第二种态度更正确。亚里士多德的理论著作能够，而且始终是在未知其生平的情况下被理解。

对本书的主人公路德维希·维特根斯坦是不是也可以这样做呢？我的回答是肯定的，但有一个重要的条件。他是分析哲学的创始人之一，他的主要研究领域是理论的和抽象的：数学和逻辑的基础、语言哲学和心智，以及哲学自身的本质。的确，维特根斯坦与后现代主义、艺术、诗歌、神秘主义、伦理学甚至政治密切相关。但事实上，他关于这些话题的论述，从哲学的观点来看，则相当于鸿篇巨制之一角。举个例子，维特根斯坦的第一部著作《逻辑哲学论》(*Tractatus Logico-Philosophicus*)的真正坐标不是（像特里·伊格尔顿[Terry Eagleton]所声称的）乔伊斯(Joyce)、勋伯格(Schönberg)或毕加索(Picasso)，而实则为戈特洛布·弗雷格(Gottlob Frege)和伯特兰·罗素(Bertrand Russell)，这是现代两位最伟大的逻辑学家和哲学家。因此，在维特根斯坦当下的公共形象与其实际工作的性质之间存在着一种偏差，而这就是本书试图纠正的。

这个条件就产生于这样一个事实，即维特根斯坦生于现代，知识分子的时代，也就是领袖式的作家、思想家和艺术家的时代，他们的生活捕捉到了集体的想象力，因为他们把某些最深切的现代性张力融会起来了,甚至提出了一些解决这些张力的办法。维特根斯坦当然是知识分子中这样一位领袖式的人物。他对宗教信仰的终生关注,他的伦理斗争与失败,他的上层社会背景,以及后来拒绝这个社会背景而过着的一种近乎僧侣般的生活,他对爱的渴求和遭受的性的折磨,他的技术才能和对科学主义的厌恶,他对现代生活的批评,他与精神分析学或共产主义信仰的矛盾关系,他在建筑方面的极端的现代主义趣味,及其保守的艺术选择——他性格中的这些方面至少有一些让他接近于我们。亚里士多德的生平,即便我们了解翔实,也不会如此吸引我们。对比之下,对维特根斯坦的生平我们予以了极大关注,即便他关于语言、心智、逻辑和数学的手稿均已遗失。这或许说明了作为知识分子的维特根斯坦何以能如此吸引广大读众,即便哲学家维特根斯坦在学术圈外几乎无人知晓。维特根斯坦出生、工作、恋爱、寻找上帝、遭受痛苦,最后死去。

本书旨在发现哲学家维特根斯坦与知识分子维特根斯坦之间的平衡,尽管后者将是重点。偶尔,我们将从较具批判性的视角讨论知识分子维特根斯坦。我们用两章的篇幅讨论他的主要著作《逻辑哲学论》和《哲学研究》(*Philosophical*

Investigations），但不对其哲学进行批判性讨论。本书得益于布赖恩·麦吉尼斯（Brian McGuinness）和雷·蒙克（Ray Monk）的两部奠基性传记，他们精心展示了维特根斯坦的个性与哲学之间的统一。如果说我的努力稍有不同而侧重于强调某些断裂，那只有通过将他们的传记作为出发点的一个方向的转变才有可能实现。

只有从对**我生活之独特性**的意识中,才能产生宗教——科学——和艺术。

——路德维希·维特根斯坦:《笔记》(*Notebooks*),
1916 年 8 月 1 日

你想要完美吗?——当然我想要完美!

——维特根斯坦致法尼亚·帕斯卡尔(Fania Pascal)的信

一 家庭与早年生活:1889—1911

路德维希·维特根斯坦(1889—1951)生长于维也纳。现代最重要的哲学家之一来自这样一个被寓言化的都城,这本没什么可奇怪的。在第一次世界大战前的十年里,维也纳正值帝国之巅峰,是一个广袤异质的帝国的都城。它是世界主要文化中心之一,是创新艺术家和知识分子的一个熔炉,在这里,最僵化的保守主义与最激进的现代主义相碰撞,能最鲜明地感觉到旧世界的灭亡和新世界诞生的希望;这是矛盾、偏执和天才混居一堂的地方。仅举几例:西格蒙德·弗洛伊德(Sigmund Freud)在这里开创了精神分析学,阿诺尔德·勋伯格在这里开创了无调性音乐,阿道夫·洛斯(Adolf Loos)在这里开创了功能主义建筑,古斯塔夫·克里姆特(Gustav Klimt)在这里创办了分离主义画派,阿图尔·施尼茨勒(Arthur Schnitzler)在这里写出了打破禁忌的剧作,卡尔·克劳斯(Karl Kraus)在这里写出了启示录般的讽刺文。[1]但这也是一个政治"革新"的地方,我们仅举下面几例就足以证明这一点:特奥多尔·赫茨尔(Theodor Herzl)的犹太复国主义,维克托·阿德勒(Victor Adler)和奥托·鲍尔(Otto Bauer)的社会主义,以及市长卡尔·卢埃格尔(Karl Lueger)的反犹太运动的民粹主义剥削,阿道夫·希特勒(Adolf Hitler)也是在他的维也纳见习期内哺育了他的法西斯观念的。路德维希·维特根斯坦个性中几个最黑暗的方面都可以追溯到这个浸透着"世纪末"气息的世界,其高雅的文化感,严格的职责感,对天才和悲剧的狂热崇拜,对一个分化世界的感知,也许还有其性压抑和反犹太主义。

维特根斯坦祖上是犹太人。路德维希的曾祖父摩西·迈尔(Moses Maier)住在德国维特根斯坦(Wittgenstein)郡,现在属于北莱茵—威斯特伐利亚(North Rhine-Westphalia)地区,是王室家族塞恩-维特根斯坦(Sayn-Wittgenstein)的地产经纪人。家族本身并没有贵族渊源,尽管常有此传言。事实是,摩西·迈尔遵照拿破仑关于所

---

[1] 更多人物见 E. Timms, *Karl Kraus: Apocalyptic Satirist. Culture and Catastrophe in Habsburg Vienna* (New Haven, CT, and London: 1986), pp. 3-39。

一 家庭与早年生活：1889—1911

有犹太人都必须有一个姓氏的法令而采用了"维特根斯坦"这个姓氏。可以确证的是，摩西的儿子、维特根斯坦的祖父赫尔曼·克里斯蒂安·维特根斯坦（Herman Christian Wittgenstein, 1802—1878）皈依了新教，与当地的犹太社区断绝了往来，迁居到莱比锡，并成为一位成功的羊毛商。据说他古板、易怒，但也意志坚定，笃信宗教，视生活为自我完善的一项使命。1838年，他与范妮·费西多尔（Fanny Figdor, 1814—1890）结婚，她是维也纳一个富裕、高雅家庭的女儿，与丈夫一样，她也抛弃犹太教信仰而皈依了新教。与犹太教的决裂似乎是彻底的，赫尔曼·克里斯蒂安甚至禁止孩子们与犹太教徒结婚。实际上，他似乎还以反犹者闻名，在当时改宗的犹太人中这是一种并非罕见的心态。19世纪50年代，他们从莱比锡移居维也纳时，维特根斯坦一家没有加入犹太社区，而是让孩子们接受彻底的日耳曼教育。通过范妮家的关系，维特根斯坦一家与维也纳文化和艺术精英们建立了紧密关系，成为著名的艺术收藏家和音乐赞助人。著名小提琴家约瑟夫·约阿希姆（Joseph Joachim）年幼时就是范妮和赫尔曼收养的，他们还送他到莱比锡费利克斯·门德尔松（Felix Mendelssohn）门下学习。在维特根斯坦家的众多知名朋友当中有约翰内斯·勃拉姆

维特根斯坦家的住宅，维也纳的"维特根斯坦宫"

斯（Johannes Brahms），他给维特根斯坦家的女儿们上钢琴课。剧作家弗朗茨·格里尔帕策（Franz Grillparzer）和克里斯蒂安·弗里德里希·黑贝尔（Christian Friedrich Hebbel）是另两位显赫的朋友。这种特殊的教育和文化接触与为孩子们的教育有意安排的朴素氛围形成了鲜明对比。

在赫尔曼和范妮的十个孩子中，卡尔（Karl, 1847—1913），路德维希的父亲，是最出色的。他叛逆、聪慧、帅气、自信、急躁（尤其是对于他认为是浪费时间的东西，

一 家庭与早年生活：1889—1911

比如哲学），有时还令人害怕。在女儿玛格丽特（Margarete）公开发表的回忆录中，她说她的童年只留下了阴暗的记忆。"我不以为父亲那种常常容光焕发的快乐是有趣的，反倒可怕。"[1] 卡尔还是位讲究实际的人，决心走自己的路——如果必要，甚至违背父亲或其他任何人的意愿。十几岁时，他就两次离家出走，第二次是因为在一篇论文里否认灵魂不死而被学校开除后出走的。他最终来到纽约，在餐馆里当招待，当过小提琴手，音乐、数学和其他科目的教师，两年后带着自己赚的钱回了家，而最重要的是他在新世界积累的宝贵经验。在晚年，他经常在报纸文章中赞扬自由市场制度，而社会主义报纸则批判他激进的经营之道，把他贬斥为"美国佬"。他学习工程，先在铁路上做绘图员，然后投身船舶和涡轮制造业。二十七岁时，他是维也纳一家公司的执行经理，此后，仅用了二十年的时间，他就成了一名钢铁巨头，领导几家公司，跻身欧洲工业巨头的行列，与美国的安德鲁·卡内基（Andrew Carnegie）非常相似，事实是，二人交往甚密。实际上，维特根斯坦家族在战前就有了中欧的"卡

---

[1] U. Weinzierl, "Der Fluch des Hauses Wittgenstein", *Die Welt* (5 July 2003).

内基"的绰号。52岁时,卡尔·维特根斯坦突然退出商界,将大部分财产变卖为美国股票,当第一次世界大战后经济萧条袭来时,这使维特根斯坦家更加富裕,也使得他有时间陪伴家人,从事艺术和为不同杂志撰写充满睿智的政治和经济方面的文章。尽管他拒绝在姓氏前加上"冯(von)"的荣誉称号(因为这将暴露他的新贵身份),他仍然与家人住在一个贵族豪宅里,即著名的"维特根斯坦宫",这是一位匈牙利伯爵于19世纪建造的,同时在首都郊区的新瓦尔德格(Neuwaldegg)拥有一套房子,路德维希就出生在那里。夏季,全家人会去霍施雷特(Hochreit)避暑,那是卡尔在大山里建造的乡间别墅和狩猎场。作为艺术赞助商,他对新的艺术发展颇为敏感,如资助著名的分离派建筑,与维也纳分离派协会首任会长古斯塔夫·克里姆特结交,他和家人周围常常聚集着维也纳上层社会里的精英。克里姆特称卡尔为"艺术部长"。他拥有大量艺术品收藏,其中有克里姆特、罗丹(Rodin)、马克斯·克林格尔(Max Klinger)等人的作品。除了著名的勃拉姆斯外,布鲁诺·瓦尔特(Bruno Walter)、克拉拉·舒曼(Clara Schumann)、古斯塔夫·马勒(Gustav Mahler)、约瑟夫·拉博尔(Josef Labor)和巴勃罗·卡萨尔(Pablo Casal)等音乐家也是家里的常客。

一 家庭与早年生活：1889—1911

维特根斯坦的父母。父亲是头号工业家；母亲是著名钢琴家

卡尔与妻子莱奥波尔迪娜·卡尔穆斯（Leopoldine Kalmus, 1850—1926）共生了八个孩子。莱奥波尔迪娜的父母都出身于著名的天主教家庭。但她父亲有犹太血统，所以，路德维希祖辈中有三位有犹太血统。为了与母亲的信仰一致，路德维希和兄弟姐妹们都信仰天主教，但家人似乎很少去教堂做礼拜。莱奥波尔迪娜虽然是全职太太，对丈夫毕恭毕敬，但对孩子们却并非关怀备至，由于家庭的社会地位，孩子们通常由女仆和家庭教师包围着。但有一个例外，这就是音乐。莱奥波尔迪娜是一位极有天赋的钢琴家，把很多时间用来教

孩子们弹钢琴。她也是毫不留情的批评家。每当维也纳交响乐团演出之后,一大群音乐专家就会聚集在维特根斯坦宫,分析演出。每逢这种场合,莱奥波尔迪娜都唱主角,也许与多年以后路德维希在剑桥的哲学界不相上下。她被公认为如此优秀的钢琴家以至于有些人不喜欢她儿子——著名职业钢琴师保罗(Paul)——的演奏,而喜欢听她的演奏。孩子们中大多数都有音乐天赋,并活跃于音乐界,她的两个儿子汉斯(Hans)和保罗则尤其出众。汉斯是位天才钢琴家,甚至在孩提时就公开演出。

> [路德维希]晚年讲的一个故事说,他早上三点钟就被钢琴声惊醒。他来到楼下,发现汉斯在演奏他自己谱写的钢琴曲。汉斯专心致志,浑身是汗,完全没有注意到路德维希的出现。这个景象在路德维希眼里形成了一个范式,那就是一个天才的形象。[1]

但父亲却没有被这位天才所打动,决定让儿子经商。于是,

---

[1] R. Monk, *Ludwig Wittgenstein: The Duty of Genius* (London, 1990), p. 13. 这首先是维特根斯坦对拉什·里斯(Rush Rhees)讲的,拉什·里斯又将此告诉了雷·蒙克。

一 家庭与早年生活：1889—1911

对父亲尽忠尽孝的职责与自己的使命感发生了冲突，汉斯最终离家出走，落脚美国。二十六岁时，他在切萨皮克（Chesapeake）海湾的一只小船上消失，这次事件后来被解释为自杀。

在卡尔的五个儿子中，另外两个，也就是鲁道夫（Rudolf）和库尔特（Kurt），也都自杀身亡。路德维希一生中也始终考虑着自杀。这意味着，尽管维特根斯坦家有深厚的文化修养，但仍有悲剧的、破裂的、病态的因素存在。无独有偶，这恰好印证了弗洛伊德在维也纳开创的精神分析学（Tiefenpsychologie）的主旨。如布赖恩·麦吉尼斯所说，[维特根斯坦]家族史中有"许多祖先可能都被列入一篇精神分析论文的附录里了"[1]。鲁道夫的最大兴趣是文学和戏剧，但在心理上不稳定。他以为自己是同性恋（在告别信中他说这是一种"病态的性情"），并为此而烦恼，当在柏林无法面对生活时，他便结束了自己的生命。他走进一家酒吧，买了饮品，让钢琴家演奏一曲《我迷失了》，便当场饮毒自尽。他也与父亲的期待发生了冲突。库尔特的情况有所不同，他

---

[1] B. McGuinness, *Young Ludwig: Wittgenstein's Life, 1889-1921* (Oxford, 2005), p. 26.

维特根斯坦与保罗和姐姐们

自杀是因为1918年在意大利前线时他的士兵们纷纷逃走,抛弃了他这位军官。但所有这些自杀都是起因于一种几乎无法承受的责任感,且不论是对自身还是对一个太强大的父亲,这样一种责任感早晚都会压垮他们。

女儿们没有经历过来自父亲的压力,她们都过着比较稳定的生活。赫米内(Hermine)组织音乐晚会,帮助父亲进行广泛的绘画收藏,帮他写自传,后来又管理一家日间幼儿园。她写了一本有关自己家庭的书——《回忆录》(*Recollections*),含有一些颇有见地的描述和无数迷人的轶

一　家庭与早年生活：1889—1911

事。她未婚，但却被认为是家里最容易相处的人。海伦妮（Helene）结婚了。她极富音乐才能，但却未能从事音乐职业。她也有幽默感，这可能与路德维希相关，因为她喜欢玩无意义的语言游戏，与她作为哲学家的弟弟有过许多有趣的交集，这位弟弟后来曾说人们可以写一本完全是玩笑的哲学著作。但与路德维希最亲密的是三姐妹中最小的玛格丽特，是具有强烈个性、敏锐、睿智的一位美女，也具有艺术革新倾向，热衷于精神分析学的新观念。她是西格蒙德·弗洛伊德的朋友，后者对她进行过精神分析，她则帮助弗洛伊德逃脱了法西斯的魔掌。玛格丽特对路德维希产生了巨大的认识和艺术影响。赫米内这样写道：

> 她很小的时候，她的房间就代表着对任何传统的背叛，与典型的年轻女性的房间完全相反，比如我自己的房间。天知道她从哪里弄来那些有趣的玩意儿来装饰房间。她满脑子都是想法，而最重要的是，她能够实现她想要的，而且知道自己想要什么。[1]

---

[1] M. Nedo and M. Ranchetti, *Wittgenstein: Sein Leben in Bildern und Texten* (Frankfurt, 1983), p. 54.

1905 年,玛格丽特与一位富有的美国人杰罗姆·斯通伯勒(Jerome Stonborough)结了婚,克里姆特为她创作了一幅婚礼肖像画,这也是他现在最为著名的一幅画。

由于汉斯和鲁道夫的惨死,年幼的保罗和路德维希则受到了不同于汉斯和鲁道夫的待遇。保罗比路德维希大两岁,接受了古典教育,被允许从事职业钢琴师和钢琴教师的职业。第一次世界大战中,他失去右臂,便悲剧般地失去了这

古斯塔夫·克里姆特,《玛格丽特·斯通伯勒—维特根斯坦》(*Margarete Stonborough - Wittgenstein*),1905 年,油画。玛格丽特是维特根斯坦的姐姐之一

一　家庭与早年生活：1889—1911

个职业。但是，和许多亲戚一样，他意志坚强，没有放弃，学习只用左手演奏。里夏德·施特劳斯（Richard Strauss）、谢尔盖·普罗科菲耶夫（Sergej Prokofiev）、本杰明·布里顿（Benjamin Britten）等著名作曲家，尤其是莫里斯·拉威尔（Maurice Ravel），都专门为他谱曲。拉威尔为保罗谱写过著名的《左手协奏曲》（*Concerto for the Left Hand*，1932）。1935年，路德维希向莫里斯·德鲁里（Maurice Drury）讲述过保罗的故事：

> [维特根斯坦]说他哥哥拥有最令人惊羡的音乐知识。一次，一些朋友随便演奏不同时代的不同作曲家的乐曲，他的哥哥能够准确地说出演奏的作曲家的名字，和所演奏的段落都是哪部作品。另一方面，维特根斯坦不喜欢哥哥对音乐的阐释。一次，哥哥练习钢琴，维特根斯坦在另一个房间里，音乐戛然而止，哥哥冲进了他的房间，说："你在房间里我无法演奏。我感觉到你的怀疑从门底下钻了进来。"[1]

---

[1] M. Drury, "Conversation with Wittgenstein", in *Ludwig Wittgenstein: Personal Recollections*, ed. R. Rhees (Oxford, 1981), p. 27.

维特根斯坦是八个孩子中最小的。路德维希·维特根斯坦生于 1889 年 4 月 26 日（与查理·卓别林 [Charlie Chaplin] 和阿道夫·希特勒只相隔几日；他也与马丁·海德格尔同年）。他是个孱弱、敏感的孩子，每时每刻都需要保护。十四岁之前他接受私塾教育，1903 年上林茨（Linz）专科中学（Realschule），接受科学和技术教育。与保罗的学校相比，这所学校不太够标准，其中大部分学生都来自工人阶级家庭。但这所学校小有名气，因为阿道夫·希特勒曾于 1900—1904 年间在这里上过学。因此，维特根斯坦与希特勒曾经在这里有过交集。虽然同年出生，但希特勒比维特根斯坦早上学两年，没有证据表明他们相互间有过对话。就两人都喜欢独处这一点而言，那似乎是不可能的。但他们不可能不认识，至少一个认识另一个。希特勒在《我的奋斗》（*Mein Kampf*）中写道，他的学校里有一个犹太男孩，不太值得信任。希特勒对他也没什么其他看法。一个阐释者就此大做文章，说维特根斯坦就是希特勒在书中提到的那个男孩，并可以看到他们在同一个班级的照片里。[1] 此外，这位阐释者还认为希特勒的反犹太主义深受他的犹太同学维特根斯坦的古

---

[1] K. Cornish, *The Jew of Linz* (London, 1998).

一 家庭与早年生活:1889—1911

怪行为的影响。第一种说法完全是假的(照片中的男孩被错认为是维特根斯坦),而第二种说法只是毫无说服力的推断。如果希特勒的观念根植于这所学校,那么就更可能在历史老师利奥波德·珀奇(Leopold Pötsch)的身上找到根源,也就是这位老师所宣扬的思想:读奥匈帝国的传统爱国主义已经过时,应该拥护正在出现的泛日耳曼民族主义。[1] 希特勒反犹太主义的根基不在林茨,而更可能在维也纳,那是充斥着奥地利—日耳曼仇外情绪,尤其是反犹太氛围的一座城市,在民粹主义市长卡尔·卢埃格尔当政期间(1897—1910),希特勒对他崇拜至极。[2]

由于孤僻的性格和社会精英的背景,路德维希不能很好地适应新环境。他后来把这三年的学校生活说成是一段痛苦的经历,如果不是与寄宿家庭的儿子交了朋友那将是完全孤独和非一般的一段生活。后来路德维希的一个同学对赫米内说,在同学们眼里,他就像是"从另一个世界来的,整个生活方式都和他们的不一样,他用正式的人称代词'Sie'来称呼同学,这就与同学们隔开了一道屏障"。他读的书也不一

---

[1] Monk, *Ludwig Wittgenstein*, p. 15.

[2] 见 B. Hamann, *Hitler's Vienna: A Dictator's Apprenticeship* (Oxford, 1999)。

木马上的幼年的维特根斯坦，
1891 年

样，似乎比同学们成熟而且严肃。"最重要的是他非同寻常地敏感，我可以想象，在他眼里，他的同学们也是来自另一个世界的，而且是一个可怕的世界。"[1] 同学们用以回报的就是用顺口溜来嘲笑他："维特根斯坦拖着悲哀的风走向维也纳。"[2] 他在学校的表现很普通。他擅长的功课是英语课、品行课和宗教课，这几门课他都得最高分。颇具讽刺意味的

---

[1] Rhees, *Ludwig Wittgenstein*, p. 2.

[2] Monk, *Ludwig Wittgenstein*, p. 16. 原文为："Wittgenstein wends his woeful windy way towards Vienna." 即以 w 为首字母的头韵法。（译者注）

一 家庭与早年生活：1889—1911

是，他恰恰是在这几年中失去了童年天真的宗教信仰的，尤其是通过与玛格丽特的对话。然而，关于宗教信仰的诸多问题将困扰他终生，尽管他很少在哲学著作中表达观点。

路德维希之所以进入这所学校，部分原因在于他和哥哥们不同，他没有违抗父命，尽管他有最适当的理由不去这所学校。相反，他似乎表现出挺在乎自己在别人眼里是什么样儿，因此想要取悦于人。至少这是他后来向家人袒露的他对自己的看法：

> 就我的记忆所及，我是一个动情的孩子，但同时又性格脆弱。很早的时候我就认识到哥哥保罗性格中的长处。当他患有小病，正在恢复健康时，有人问他是想要起床，还是多躺一会儿的时候，他总是冷静地回答说愿意躺着；而我在同样情况下就会说不想说的话（即我想起床），因为我害怕周围的人会对我印象不好。[1]

这自述也许有些是真的。但我们应该记住这是一位不留情面的检察官写的，像《忏悔录》（*Confessions*）的作者奥

---

[1] McGuinnes, *Young Wittgenstein,* pp. 47-48.

少年时期的维特根斯坦

古斯丁(Augustine)一样,也是一位擅长自我谴责的作者,为其真实可见的罪孽感到无尽痛苦的作者。对道德状况的这种极端关注部分可视为家族的遗传,如果我们记得他哥哥汉斯和鲁道夫那受难的灵魂的话,此外还有家庭中出现的责任感。但也只是部分而已。并非每一个道德特性都是遗传的,而像奥古斯丁或维特根斯坦这样的典范人物都是自己所处阶级的个案,不仅体现了典型的道德问题,也深化了人的道德规范,提供了理解道德的新方法。

然而,可以确定的是,路德维希的文化构成在很大程度上取决于他所受的教育。作为整个家庭接受的奥地利—日耳

一 家庭与早年生活：1889—1911

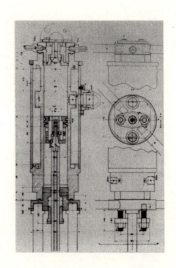

年轻的维特根斯坦所画的工程图

曼教育的一部分，这个男孩受过德国文学经典的教育，也就是歌德（Goethe）、席勒（Schiller）、莱辛（Lessing）、莫里克（Mörike），这些是他终生崇敬的作家。他也非常喜欢利希滕贝格（Lichtenberg）的警句，并在日记中经常引用，他还喜欢叔本华（Schopenhauer）和戈特弗里德·凯勒（Gottfried Keller）。他的文学趣味可谓保守。他熟悉19世纪作家的作品，如约翰·内斯特罗伊（Johann Nestroy）、格里尔帕策（Grillparzer）和尼古劳斯·莱瑙（Nikolaus Lenau），这大多是受了玛格丽特的影响，还受了弗洛伊德激进的观念，以及卡尔·克劳斯对道德、认识和语言堕落犀利的、风格上卓越的批评的影响。但他对同时代的作家从不热心。他欣赏的最现代的作家是托尔斯泰（Tolstoy）、陀思妥耶夫斯基（Dostoevsky）、克尔恺郭尔（Kierkegaard）和尼采（Nietzsche）。关于卡夫卡（Kafka），他所能说的就是，这是一个"不写他的痛苦而给他本人造成极大痛苦"的作家。[1] 他的确读过托马斯·曼（Thomas Mann）、赖纳·马里亚·里尔克（Rainer Maria Rilke）和格奥尔格·特拉克尔（Georg Trakl），在感觉到天才的时候他也从不隐讳（如特拉克尔），但这些都不是他最喜欢的。

维特根斯坦的音乐取向亦如此。尽管他年轻时正值音乐大变革的时代，尤其在维也纳，以阿诺尔德·勋伯格、阿尔班·贝尔格（Alban Berg）和安东·韦伯恩（Anton Webern）为代表的第二维也纳学派发明了十二音音乐（twelve-tone Music），但维特根斯坦的音乐爱好依然是传统的。这不是因为他不懂音乐。虽然他儿时没有学习过任何乐器，但像家人一样，他也具有音乐才能，能够准确地用口哨演奏音乐。成年时，他自学单簧管。维特根斯坦仅仅是厌恶当代音乐。

---

[1] Monk, *Ludwig Wittgenstein*, p. 498.

一　家庭与早年生活：1889—1911

即使是古斯塔夫·马勒这样的作曲家对他而言也太现代以至于堕落，对不同意见者他将会与之发生激烈的争论。[1] 他心目中的英雄是海顿（Haydn）、莫扎特（Mozart）、贝多芬（Beethoven）、舒伯特（Schubert）、勃拉姆斯和拉博尔（曾经接受过维特根斯坦父亲的赞助）。维特根斯坦反现代主义方面的一个例外是建筑，对此后文将详加阐述。

还有一个当代影响需在此提出，而这影响源自一个较暗的领域，即奥托·魏宁格（Otto Weiniger）的《性与性格》（*Sex and Character*，1903）。今天我们很难理解这部厌女症式的、种族主义的坏书会有如此大的吸引力，不仅对年轻的维特根斯坦而言，而且对他那整整一代人而言都是如此。魏宁格（1880—1903）是位备受折磨的同性恋者和反犹太主义的年轻犹太人，二十三岁时，也即该书发表半年后，他在维也纳贝多芬逝世的房子里自杀了（就在半年前鲁道夫·维特根斯坦也以同样戏剧性的方式自杀）。他的自杀使他即刻成名，他的书也成了畅销书，四年内重印了十三次。该书力图呈现一部完整的人类学，给所有道德问题一个答案，并对现代性予以毫不妥协的批判。人类是两极存在，在两极之间遭

---

[1]　Monk, *Ludwig Wittgenstein*, p. 78.

受折磨：一极是对更高理想的追求，如真理和爱，另一极是纯粹的动物本能，如性行为。爱和性因此是相互排斥的。第一个对应于柏拉图的"男人"，第二个对应于"女人"。所有人类都是这两极的混合，因此是双性的，但实际上女人却能以更大的程度体现"女人"。女人因此接近于动物，完全关注性的主要方面，即性行为、繁殖和母性。男人则更关心精神方面，比如，政治、哲学、艺术。只因为他们具有理性、道德和自由意志，而女人则是非道德的、群居的动物。犹太人完全属于女性（"最具男性的犹太人比最不具男性的雅利安人还女性"），[1] 因此是完全堕落的。

如雷·蒙克所解释的，不可能是魏宁格的反犹太主义或"妇女"理论吸引了维特根斯坦。[2] 晚年时他确实谈到了这个"理论"："魏宁格该是多么错误的啊，我的天，他是错的。"[3] 吸引维特根斯坦的是魏宁格提出的关于男人和现代性的观点，以及比较普遍的伦理问题（如维特根斯坦后来向迷惑不解的剑桥朋友们所解释的）。现时代是堕落和腐朽的

---

[1] Monk, *Ludwig Wittgenstein*, p. 23.

[2] 同上，pp. 23ff。

[3] Drury, "Conversation with Wittgenstein", in Rhees, *Ludwig Wittgenstein*, p. 106.

一　家庭与早年生活：1889—1911

对维特根斯坦发生过影响的奥地利作家魏宁格

年代，是大众、物质主义、科学、共产主义和资本主义的年代，是精神、道德、艺术和天才消失的年代。要扭转这一切的唯一出路是向男人们敞开大门，向**少数**男人敞开大门，他们超越了平庸，想要实现自身的神性，获得天才。这只能通过真爱才能获得：

> 如果我们诉诸天才，我们就将看到在他们的情况下，爱常常开始于自我改造、侮辱和自制。一种道德变化

开始了，一个纯化的过程似乎从爱的对象中发散出来。[1]

我们也在维特根斯坦读过的其他作家——如尼采和克劳斯——那里看到过魏宁格式的文化批评（Kulturkritik）。但没有一个人像魏宁格那样提出激进的选择，也就是在天才与死亡之间的选择。魏宁格的自杀就是这一选择的逻辑结果，即他发现他注定不能成为天才。对自身职责的坚持，对绝对忠实的要求，对自杀的固执，将其作为失败的终极结果，这是维特根斯坦从 1903 年到 1912 年期间所关注的，也就是从林茨学校到剑桥这段时间。进入剑桥之后，他发现他能够从事某种开创性的工作，也就是哲学研究。

1906 年完成学业后，维特根斯坦去柏林学习机械工程。这是父亲喜欢的专业，并于 1908 年成功毕业。在柏林期间，他看过无数次歌剧，只瓦格纳（Wagner）的《名歌手》（*Die Meistersinger*）他就听过三十遍，如果我们能够相信他的话。这也是他开始写日记的时候，"在一片片纸上记下关于自己的想法"，他在回顾中写道：

---

[1]　O. Weininger, *Sex and Character* (London, 1906), p. 147.

一　家庭与早年生活：1889—1911

这对我是重要的一步。后来，这部分是出于模仿的冲动（我读过凯勒的日记），部分出于我想保留一些东西的需要。所以它大部分是虚荣。但也是我所能敞开心扉的一个替身。[1]

在柏林，维特根斯坦对航空学发生了兴趣，1908年毕业后，他去曼彻斯特大学研究这个新领域，在那里研究了三年。他在格洛瑟普附近的天文台实验自制的风筝，并遇到了

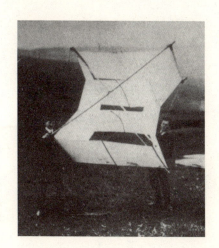

维特根斯坦与友人埃克尔斯在德比郡（Derbyshire）的格洛瑟普（Glossop）周围的沼泽地放风筝

---

[1]　McGuinness, *Young Ludwig*, p. 54.

威廉·埃克尔斯(William Eccles),这是与他交友三十多年的一位工程师。回到曼彻斯特后,他开始设计喷气式螺旋桨,1911年申报了这种螺旋桨的专利,并因此而获得了大学的研究奖学金。显然,他展露了创新的才能。但此时,工程学已陷入了绝境,而哲学则成为他压倒一切的兴趣。

二 剑桥、挪威和哲学：1911—1914

很难确定维特根斯坦于何时对哲学发生兴趣的。对魏宁格提出的普遍伦理问题他很早就开始关注了。早年他也读过叔本华。叔本华强调生活是徒劳无益的，充满了痛苦，这可以通过艺术，尤其是音乐来克服。叔本华的理想主义也许吸引了这位有教养而孤独的少年。但我们还知道，学校生活快要结束的时候，维特根斯坦曾考虑去维也纳的路德维希·玻尔兹曼（Ludwig Boltzmann）门下学习。玻尔兹曼是著名的物理学家，发明了统计机械学，但他的物理学哲学讲座也非常知名，其中有些讲座的讲稿发表在1905年出版的《通俗写作》(*Popular Writings*)中。维特根斯坦读过这本书。他也读过海因里希·赫兹（Heinrich Hertz）的名著《机械学原理》(*Principles of Mechanics*, 1894)的前言。玻尔兹曼和赫兹都是在广义的康德理论框架内操作的。根据这一理论框架，科学是人的心智建构的一个模式,并不指向也不描述现实,而是以若干可能的方式之一组织经验数据。如赫兹所论,当我们遇到与一个特殊理论术语相关的问题时,比如"力",我们不应该问现实中是否有与这个术语相对应的物,而是在不用这个术语的情况下去重构科学理论。(这就是后来著名的科学哲学中的"工具论"。)赫兹写道:"关于力的性质的问题不会得到回答;但我们的心智已不再烦恼,将不再提出不合理的问题了。"[1] 维特根斯坦把这样的话熟记在心,并与他自己的哲学关联起来。

无论如何,这些阅读表明在他去柏林的时候,他的兴趣已不仅仅是与工程学相关的问题,而包括更具理论性的问题。在柏林或之后不久,这些问题就已经转化为一种使命。如赫米内在回忆录中所写:

> 这个时期或稍后些时候,他突然紧紧抓住了哲学……如此狂热如此违背自己的意志以至于为这种双重的、相互冲突的使命而深感痛苦,自认为他就是为此而生的。他一生中将要经历的许多转化之一已经到来,这

---

[1] H. R. Hertz, *The Principles of Mechanics* (London, 1899), pp. 7-8.

二 剑桥、挪威和哲学：1911—1914

深深动摇了他存在的根基。[1]

这里更为适当的是讲一个逐渐过渡而最终加速的过程，而不是向哲学的突然转向。但这次危机的确是真实的，并由于这样一个事实而强化：他对哲学的兴趣与父亲的愿望——至少要有一个儿子做些有意义的事——相抵触。

在曼彻斯特，部分通过航空学的学习，维特根斯坦对高等数学发生了兴趣。随着聆听 E. J. 利特尔伍德（E. J. Littlewood）的数学分析理论的讲座，他最终对数学基础发生了兴趣。数学基础是一个长期被冷落的领域，在 19 世纪开始受到注意，尤其是通过乔治·布尔（George Boole）、格奥尔格·康托尔（Georg Cantor）、里夏德·狄德金（Richard Dedekind）、戈特洛布·弗雷格、吉尤赛普·皮亚诺（Giuseppe Peano）、卡尔·魏尔施特拉斯（Karl Weierstrass）等人的著作，到 20 世纪初仍然属于前沿领域。其主旨是证明数学作为一门科学学科的合理性。弗雷格（1848—1925）对这场争论的贡献尤其突出，尽管他的贡献之大在他有生之

---

[1] B. McGuinness, *Young Ludwig: Wittgenstein's Life, 1889-1921* (Oxford, 2005), pp. 73-74.

年被忽视，现在我们回顾起来他确实起到了轴心作用，因为他对基础问题的回答引发了亚里士多德以来最大的一次逻辑革命。弗雷格自己的数学理论，即所谓的逻辑主义，提出了这样一个观点，即算术的所有真值函项都可以从纯粹的逻辑真中推导出来，这些逻辑真本身都是自明的，无可置疑并独立于人的心智而存在。逻辑主义还提出了另一个主张，即数是真实的物体，尽管不是物质的，也不是精神的，但却是位于"第三领域"中的抽象的物。因此，关于数的陈述，比如，"1+2=3"，就不是关于物质或精神物体的陈述，不是关于桌上的一堆苹果或我们精神和头脑里的观念的陈述，而是关于抽象物体的陈述。无论如何，为了证明算术只能从逻辑规律中推导出来，弗雷格设计了一种理想语言和形式逻辑运算，这是迄今为止比亚里士多德的三段论更有力的一种运算方式。他在《概念演算》(*Concept Script*，1879)中提出了这一逻辑，在《算术的基础》(*Foundations of Arithmetic*，1884)中证明他的逻辑主义，最后在两卷本的杰作《算术的基本规律》(*Basic Laws of Arithmetic*)(卷一，1893；卷二，1903)中完全发展了这一思想。今日，大学里教授的命题逻辑和谓词逻辑都可以追溯到弗雷格的革新。他在几篇文章中关于语言的思考，也与关于逻辑的思考同样重要，被认为是

二 剑桥、挪威和哲学:1911—1914

语言哲学的经典。弗雷格认为,我们的自然语言,也就是他所称为"市场上使用的语言",是模糊的、不准确的和误导的,因此不适合于表达逻辑项。只有他发明的用以支持逻辑演算的理想语言才能表达逻辑项。维特根斯坦将深受这一思想的影响,并采纳了弗雷格的许多主张。

与弗雷格的研究相似的是英国人伯特兰·罗素(1872—1970)的研究,主要是他的《数学原理》(*The Principles of Mathematics*, 1903)和后来与艾尔弗雷德·诺思·怀特海(Alfred North Whitehead)合著的《数学原理》(*Principia Mathematica*, 1910—1913)。在著名的《论指称》(*On*

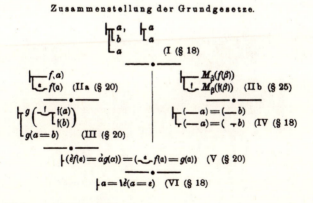

弗雷格的《算术的基本规律》的一页,德文版

哲学家、数学家戈特洛布·弗雷格,维特根斯坦的主要影响源

Denoting,1905)一文中,罗素提出自然语言具有误导性,其结构只能通过逻辑分析来理解。他声称像"The present king of France is bald"(法国现在的国王是秃头)这样的句子看起来是普通的主谓句,而事实上是非常复杂的句子。罗素认为,我们可以用逻辑来分析一个普通句子,揭示其真实结构,以便解决产生于难解的术语的任何问题。这里,难解的术语就是"法国现在的国王"。据罗素所说,如果将其视作句子的主语,这个短语便毫无意义,因为法国现在没有国王。而如果一个句子的一个成分没有意义,那这个句子本身就一定没有意义。因此,我们似乎必须从"法国现在的国

二 剑桥、挪威和哲学：1911—1914

王"的无意义而总结说"法国现在的国王是秃头"也毫无意义。然而，当然了，"法国现在的国王是秃头"**并非**无意义。我们都明白它在说什么。罗素声称这个句子实际上是说："这是法国的一个而且是唯一的一个国王，他是秃头"，这是这个句子的实际意义，即便形式比较复杂（在数学逻辑演示中看起来更加复杂），但是解决了这个问题。这里，难解的术语"法国现在的国王"根本没有出现，因此这个术语也没有提出什么问题。这个机智的辩解相似于前面看到的赫兹对"力"一词的解释。罗素这篇文章一发表，哲学分析的范式就诞生了，并主导了整个 20 世纪的英国哲学界。在早期研究中，维特根斯坦接受了这个范式，也即我们只能通过逻辑分析理解语言的真实结构，只是在后来他拒绝了这个范式（见第八章）。

维特根斯坦在曼彻斯特第一次碰到弗雷格和罗素的著作，很快就得出了各种相关问题的结论。罗素表明，弗雷格在《算术的基本规律》中提出的系统包含一个灾难性的错误，完全可能从弗雷格的基本假设中衍生出一个直接的悖论。由于人们能够推导出所有那些不包含自身在内的集的存在，我们该怎样看待这个集？它包含自身还是不包含？如果包含自身，那就不符合最初的要求，因此不是自身的一部分，也就

1918年的伯特兰·罗素

是说,它不包含自身。然而,如果不包含自身,那就符合最初的要求,因此就包含自身。诸如此类。这个集悖论使弗雷格陷入绝望,他努力修补这个理论体系,但没有成功。[1] 罗素自己对这个问题的解决涉及这样一个预设,即世界上存在无限多的物体(所谓的无限性原理 [axiom of infinity]),但维特根斯坦刚一开始思考这个问题时就发现这个预设含混不清。如他后来所说:"逻辑自己照顾自己。"它是一个先验学

---

[1] 最近有人试图复兴弗雷格的逻辑主义,最著名的是乔治·布洛斯(George Boolos)和克里斯平·赖特(Crispin Wright)。

二 剑桥、挪威和哲学：1911—1914

科，不能依赖于世界的任何假设，甚至不能依赖于物体数量的假设。实际上，逻辑不做关于物的任何主张，它不具有一个论题——这一论断与弗雷格和罗素的信念直接相对立：后者认为逻辑描述了位于柏拉图式的"第三领域"中物体间的关系（弗雷格），或宇宙最普遍的特征（罗素）。逻辑真项都是恒真命题，比如，"天在下雨或天没下雨"，而且这永远为真，但却是无意义之真。因为要想知道天下雨或没下雨根本不是认识世界。这些想法维特根斯坦很早就产生了，后来融入《逻辑哲学论》中，属于他早期哲学最有意义的方面。

维特根斯坦没有接受罗素对集悖论的解决方式。1909年4月，在20岁时，他给罗素的朋友、数学家菲利普·茹尔丹（Philip Jourdain）写信，提出了自己对这个悖论的解决办法。[1] 与罗素商榷之后，茹尔丹拒绝接受这个解决办法，但维特根斯坦没有放弃。他写信给弗雷格，并于1911年去耶拿（Jena）拜访了弗雷格。这是一次开阔眼界的经历。

> 我被带到弗雷格的书房。弗雷格身材矮小、干净利落，胡须坚硬，说话时满屋子走动。他绝对是在与我一

---

[1] 由于维特根斯坦的信遗失，我们不知道这个办法是什么。

> 68 INTRODUCTION [CHAP.
>
> an illustration: "The author of Waverley was a poet." This implies (1) that Waverley was written, (2) that it was written by one man, and not in collaboration, (3) that the one man who wrote it was a poet. If any one of these fails, the proposition is false. Thus "the author of 'Slawkenburgius on Noses' was a poet" is false, because no such book was ever written; "the author of 'The Maid's Tragedy' was a poet" is false, because this play was written by Beaumont and Fletcher jointly. These two possibilities of falsehood do not arise if we say "Scott was a poet." Thus our interpretation of the uses of $(\imath x)(\phi x)$ must be such as to allow for them. Now taking ϕx to replace "x wrote Waverley," it is plain that any statement apparently about $(\imath x)(\phi x)$ requires (1) $(\exists x).(\phi x)$ and (2) $\phi x . \phi y . \supset_{x,y} . x = y$; here (1) states that *at least* one object satisfies ϕx, while (2) states that *at most* one object satisfies ϕx. The two together are equivalent to
>
> $$(\exists c) : \phi x . \equiv_x . x = c,$$
>
> which we defined as $\quad\quad\quad\quad\quad E!(\imath x)(\phi x).$

怀特海和罗素《数学原理》中一页的一部分

起擦地板,我感到非常沮丧;但最终他说"你一定会再来的",于是我打起精神来了。此后我与他进行了几次讨论。弗雷格除了逻辑和数学什么都不谈。如果我提起别的话题,他会很有礼貌地说点什么,便又回到逻辑和数学上来。有一次他让我看了一位同事的讣告,据说,这位同事从来不用不懂其意义的词;一个人会因此而受到表扬,这令他感到奇怪![1]

---

[1] E. Anscombe and P. Geach, *Three Philosophers* (Oxford, 1967), p. 130.

二 剑桥、挪威和哲学：1911—1914

维特根斯坦想要在弗雷格门下学习，但弗雷格建议这位年轻人最好去剑桥，与罗素一起工作。维特根斯坦听从了他的建议。虽然他仍然是曼彻斯特的学生，但在 1911 年 10 月他去了剑桥，未经通报便闯入了罗素这位著名哲学家的房间，做了自我介绍。他开始听罗素的讲座，有时竟喧宾夺主，讲座后他随教授去他的房间，与其进行密集的哲学讨论直至深夜。起初，罗素似乎对这位新学生感到气恼，如他给情人奥特莱纳·莫雷尔（Ottoline Morrell）夫人的信所示。就在最初一天会面之后，罗素写道："我的德国朋友好像给我带来了一次痛苦的经历。"几天后，他又写道："我的德国人，似乎相当不错，非常有口才。"然后又写道："我的德国工程师，我认为，是一个傻瓜。他认为只有经验才是可知的——我让他承认室内没有犀牛，他就是不肯。"把这番交流看作笑话并不难，罗素就似乎是这样看的，但这的确表明维特根斯坦是带着自己的哲学观点来到剑桥的，并急于要证实这些观点。[1]

圣米迦勒节过后，维特根斯坦想要知道继续从事哲学研究对他是否有意义，从而解决他离开学校之后就一直困扰

---

[1] 关于这件事的可能解释，见 McGuinness, *Young Ludwig*, pp. 89–92。

着他的职业危机。他让罗素出主意,罗素先给他一些书面工作。维特根斯坦假期里写的论文给罗素留下了很深的印象。在给奥特莱纳夫人的信中,罗素说那篇文章"非常好,比我的英国学生写得好多了。我一定会鼓励他的。他也许是干大事的人"。他建议维特根斯坦继续从事哲学研究,这番鼓励被维特根斯坦视为救赎,象征了他以不确定的人生方向结束。1912年2月1日,他作为本科生进入三一学院。罗素是他的导师。但这不是一般的本科生。学期结束时,罗素发现他教的一切这个学生自己全都知道,维特根斯坦是"人们渴求的那种年轻人",他能够解决重大的哲学问题,而这些哲学问题对刚刚完成杰作《数学原理》的罗素来说也未免太让人疲乏而难以着手处理。

> 维特根斯坦非常激动:对于哲学他比我更有激情;他的雪崩使我的雪崩看起来不过是雪球。他具有最高级的纯知性激情;这让我爱上他了。他具有艺术家的性情,直观而情绪化。他说每天早晨他带着希望工作,而每天晚上以绝望结束。[1]

---

[1] 1912年3月16日写给奥特莱纳·莫雷尔夫人的信:R. Monk, *Ludwig Wittgenstein: The Duty of Genius* (London, 1990), p. 43。

二 剑桥、挪威和哲学：1911—1914

三一学院学习结束时，赫米内·维特根斯坦来剑桥看望弟弟。罗素对她说："我们期待哲学界的下一个重大突破是你弟弟所为。"赫米内听后为之一震，因为弟弟在家里迄今为止从未被看成是超凡脱俗之人。她还注意到路德维希在剑桥是多么高兴。甚至几十年后，当罗素对维特根斯坦的后期哲学表示不满时，他也在《自传》中说维特根斯坦是"我所认识的天才中最完美的，具有传统修养，富有激情，思想深邃，严肃认真，有领袖风范"[1]。罗素和维特根斯坦很快就以同僚的身份一起讨论哲学了。如前所述，维特根斯坦最初的兴趣是数学哲学和罗素的悖论。但在剑桥，他开始思考更多的问题，也就是逻辑本身的性质，它的主题，逻辑真项的地位，逻辑与基础语言之间的关系等。他将用几年的时间考虑这些问题，并在1918年完成的《逻辑哲学论》中提供了问题的答案。

与维也纳一样，第一次世界大战前的剑桥是许多知名学者和知识分子聚集的地方，维特根斯坦会很好地融入其中的。就其抑郁的天性而言，这仅仅是其环境的一部分。但是，这对维特根斯坦来说，与其他高智商学者的交流确实是

---

[1] B. Russell, *Autobiography* (London, 2000), p. 329.

极为有益的。除了罗素外，他还结识了数学家 G. H. 哈代（G. H. Hardy）、逻辑学家 W. E. 约翰逊（W. E. Johnson），以及哲学家怀特海、J. E. 麦克塔格特（J. E. McTaggart）、乔治·爱德华·摩尔（George Edward Moore）和著名经济学家约翰·梅纳德·凯因斯（John Maynard Keynes）。怀特海和麦克塔格特对这位年轻哲学家没有好感。约翰逊起初被指定为维特根斯坦的专业指导教师，但这项安排几星期后就终止了，因为约翰逊被这个学生雇主般的行为疏远了。尽管如此，他们仍然友好相处。随着时间的流逝，维特根斯坦也和摩尔、凯因斯交了朋友。摩尔（1873—1958）此时已经对新兴的分析哲学贡献非凡，尤其是其名著《伦理学原理》（*Principia Ethica*, 1903）。维特根斯坦并没有高看作为哲学家的摩尔，但欣赏他的真诚和诚实。凯因斯（1883—1946）当时正忙于或然性理论的研究，并深受摩尔和罗素的影响，因此一见到维特根斯坦就为其所迷。他在知识上与维特根斯坦旗鼓相当，敏捷、尖锐、出新，易于接受新思想。在剑桥的头几年，维特根斯坦用大量时间与凯因斯一起讨论。在比较实际的层面上，凯因斯也是维特根斯坦的保护者之一，1918 年维特根斯坦成为战俘时凯因斯也帮助过他，1929 年将他带回剑桥，最后，1939 年为他获得教授一职奔走游说。

二 剑桥、挪威和哲学：1911—1914

部分由于凯因斯的帮助，维特根斯坦于1912年11月成为"传道者"（Apostles）的成员。"传道者"是19世纪创建的由精英组成的辩论协会，当时由凯因斯和作家利顿·斯特雷奇（Lytton Strachey）领导，像维特根斯坦这样的人正是他们所寻找的。世纪之交，英国一些最著名的知识分子和作家都是这个组织的成员，包括以布鲁姆伯利（Bloomsbury，英国伦敦的一个地区）为中心的社交圈的那些人。"传道者"把维特根斯坦作为一个"胚胎"，这是成为正式会员的第一步。罗素反对这一做法，认为这个"胚胎"不是他们那种自恋型的知识分子。事实上，维特根斯坦讨厌这个团体，只在一个任期期满后就退出了。他说"传道者"唯一的特点就是不传道。传道者们虚荣矫饰的口吻在下面这段话中足见一二，这是1912年5月17日斯特雷奇写给凯因斯的信：

> 奥利弗和赫尔·辛克尔－温克尔（Herr Sinckel-Winckel）[维特根斯坦]就普遍与特殊争论不休。后者，噢！那么聪明——可又是多么痛苦啊！噢，天哪！天哪！"如果甲爱上了乙"——"可能有一种普通性质"——"那个方法是不可分析的，但其诸多复杂因素却有一些

性质。"我该怎样偷偷地溜上床?[1]

维特根斯坦更专注于道德科学俱乐部的会议,这是剑桥大学的一个哲学协会。在摩尔的帮助下,他甚至改变了这个协会的规则,以便改善讨论的性质,确定了主席以确保争论朝着一个目标发展,并规定每篇文章不得超过七分钟。12月,他宣读他的第一篇哲学讲话,提出的问题"什么是哲学?"只用了四分钟,以提前两分钟结束打破了此前的纪录。他在讲话中提出哲学是所有命题的总体,是科学无法证实的又是基础的。

维特根斯坦最贴心的朋友却不是有地位的导师,而是1912年通过罗素认识的一个年轻人,大卫·平森特(David Pinsent),一位学数学的极为聪明的本科生(大卫·休谟[David Hume]的后裔)。平森特是维特根斯坦的实验助手,参与心理实验室音乐欣赏中的节奏分析,这是在遇到实验心理学家C. S. 迈尔斯(C. S. Myers)后,维特根斯坦所感兴趣的一个话题。这些实验表明,在某些情况下,主体倾向于聆听一系列节奏中的一个其实并不存在的节奏。1912年在剑

---

[1] Monk, *Ludwig Wittgenstein*, p. 48.

二 剑桥、挪威和哲学:1911—1914

约1931年:剑桥大学道德科学俱乐部的部分成员

桥举办的英国心理学学会年会上,维特根斯坦宣读了一篇关于这个话题的论文。他对这方面的兴趣是否具有哲学意义尚不确知,吸引他的也许是音乐与语言之间的平行。麦吉尼斯这样认为。[1] 但也许是纯粹出于好奇,对一种既具有科学意义又具有美学意义的现象的好奇,这与维特根斯坦的普遍兴趣相符合。无论如何,正是通过这些实验和对音乐的热爱,他结交了平森特这位亲密的朋友。平森特在性格上非常不同于维特根斯坦,他热情、冷静、不易被干扰,是位理想的同

---

[1] 见 McGuinness, *Young Ludwig*, pp. 127–128。

维特根斯坦的朋友大卫·平森特,《逻辑哲学论》就是题献给他的。图为与维特根斯坦去挪威

伴,不幸于1918年过早逝世。维特根斯坦称他为"第一个也是唯一的朋友",并把《逻辑哲学论》题献给他。他们在一起度过大部分时光,听音乐会、演奏音乐,甚至一起去冰岛和挪威旅行。平森特日记中记下了他和维特根斯坦的友谊,其中有许多是关于年轻的路德维希的宝贵资料。

维特根斯坦不久就对平森特坦诚相告,这是以前从未有过的。他对平森特谈起1903年离开父母后他所经历的孤独和自杀的想法,只有到了剑桥之后才释怀的那些想法。这两位朋友还常常谈论哲学问题。1912年5月,平森特在日记中写道:"他在读哲学……但刚刚开始系统阅读:他表达了最

二 剑桥、挪威和哲学：1911—1914

幼稚的惊奇，即他曾经无知地崇拜的所有哲学家都这么愚蠢和不诚实，都犯了令人恶心的错误！"[1] 一年以后，1913 年 8 月，平森特写道：

> 他向我解释了他最新的逻辑发现。它们真是神奇，解决了去年未能成功解决的所有问题。……当然，他推翻了罗素的许多结论——但罗素却是最不应该不满的人，他的伟大工作也不因此受损——显然，维特根斯坦是罗素的学生，亏欠他很多。可是维特根斯坦的确了不起——我确实以为哲学陷入的肮脏沼泽终于干净了，僵硬的逻辑理论得以明确了——这是哲学中唯一能让人认识事物的一部分……实际上逻辑学就是哲学。所有其他被松散地称之为哲学的要么是玄学——已经无望的玄学，没有任何数据——要么是自然科学，也就是心理学。[2]

平森特的日记还让我们洞察到维特根斯坦个性中怪异的

---

[1] 平森特，1912 年 5 月 30 日的日记。
[2] 平森特，1913 年 8 月 25 日的日记。

一面。在三一学院给他提供住房之后,维特根斯坦在平森特的陪同下去购置家具。"我们去了许多商店,帮他看家具……那非常有趣,他真的是挑三拣四,把店员吓了一大跳,维特根斯坦对店员展示给我们的百分之九十的家具都大喊:'不——糟透了!'"[1]大约同一个时候,维特根斯坦告诉罗素他"不喜欢所有不属于建筑自身的装饰品,而且从来也看不到朴素的东西"[2]。这当然是克劳斯和洛斯的审美爱好,对他们来说,装饰是不真实和堕落的表现。最后,维特根斯坦还是决定让人定制家具。此前,维特根斯坦与朋友埃克尔斯计划从曼彻斯特乘火车去利物浦,但没有赶上火车,维特根斯坦就建议租用一趟专列把他们送到利物浦。这个计划最终没有实现,但他还是选择了一个昂贵的解决办法:叫了一辆出租车。这些事情证明早年的维特根斯坦并不是第一次世界大战后的那位隐士。1912年9月,他请平森特陪他去冰岛,平森特回答说他不知道能否付得起路费。但维特根斯坦对他说不必担心,因为他本人也没有钱,而他父亲"却有很多"。然后就把一大把现金塞进平森特手里。当旅行开始时,维特

---

[1]　平森特,1912年7月12日的日记。
[2]　1912年9月5日给奥特莱纳·莫雷尔夫人的信。

二 剑桥、挪威和哲学：1911—1914

根斯坦

> 就带衣服的问题大惊小怪：他本人带了三个旅行袋，但却为我的一只箱子发愁。他强迫我在剑桥买了第二张毯子，今天早上又在爱丁堡买了许多小玩意儿——我花的毕竟不是我自己的钱。[1]

在冰岛旅行期间，维特根斯坦是个很有趣的伴侣，尽管他非常紧张，偶尔很难相处。他们白天一起去乡下骑马，晚上，维特根斯坦教平森特学逻辑。两个朋友有过几次争论，有的是关于大众兴趣的，比如妇女选举权（维特根斯坦反对给妇女选举权）和公立学校（他谴责这些学校残酷，不顾学生的痛苦），但也有关于私人问题的，这种话题总是维特根斯坦先提起。与平森特不同的是，他易怒，把一些幼稚的行为完全看作冒犯。当平森特和其他旅行者搭讪、一起去另一个车厢吸烟时，维特根斯坦会非常愤怒，那样子只能说是嫉妒，他对平森特说，"如果你愿意，你可以全天都和那个人在一起"。多亏平森特坦诚友好，他们才又和好，但还有平

---

[1] 平森特，1912 年 9 月 5 日的日记。

森特称之为"生闷气"的时候。有人说这两个朋友是恋人，但我们对此没有证据。比较准确的说法似乎是，他与平森特的关系对维特根斯坦而言不同于对平森特而言。如麦吉尼斯所说，对平森特来说，这场友谊本是寻常的，是像他这样的前公立学校的学生与他认识仅仅几个月的人所能结交的友谊。[1] 在维特根斯坦这方面，可能有压抑爱欲的潜意识——维特根斯坦与其他年轻人的关系都含有这种成分，其中爱的负荷往往只由维特根斯坦承载，并极少表现出来。对他来说，更为重要的，实际上是最为重要的，是精神和个人层面的亲密。

维特根斯坦是个非常认真的人，"他在每一个领域都有完美的想法，日常生活中的严肃问题，他的工作，或选择一张手绢作礼物"[2]。有一次在罗素的房间里，"他像一头野兽一样在烦躁的沉默中来回踱步长达三个小时"，罗素问他是在思考逻辑还是罪孽，维特根斯坦回答说"都有"。他只能容许全部的真诚，不接受任何妥协，无论是个人的、哲学的还是审美的问题。如果出现这种异议，他只能对另一方坦

---

[1] 见 McGuinness, *Young Ludwig*, pp. 53, 122-123。
[2] 同上，p. 123。

二 剑桥、挪威和哲学：1911—1914

露胸怀，不顾他们的感情，甚至要改变他们的生活。据说，他在剑桥的第一年就发现有个本科生是个和尚，由于维特根斯坦反对他在任何宗教形式中看到的不诚实，就当着别人的面猛烈抨击这个和尚，说他应该读纯科学的好书，看看真正的诚实思想是什么样儿。又有一次，在1912年10月听完摩尔的讲座之后，维特根斯坦那时仅仅是一个本科生，就尖锐地批评那位年长的哲学家。"他对我说这些讲座很糟糕——我应该做的是说**我**之所想，不是讨论别人的思想；他以后再也没来听我的讲座。"[1]

这种坦诚，辅以易怒和凌人的本性，是任何人都不能忍受的。维特根斯坦在剑桥的第二年，他和罗素之间就发生了摩擦。一个直接的原因是维特根斯坦不同意罗素的文章《宗教的本质》（*The Essence of Religion*, 1912），文中，罗素试图基于"我们生命的无限部分"建构一种新的神秘主义。维特根斯坦猛烈抨击罗素背叛了严谨的精神，公开就一些日常生活问题大惊小怪。"维特根斯坦的批评令我深感不安。他是那么不高兴，那么绅士，那么受伤害，都是为我着想。"[2] 不

---

[1] Monk, *Ludwig Wittgenstein*, p. 63.

[2] 1912年10月13日给奥特莱纳·莫雷尔夫人的信：Monk, *Ludwig Wittgenstein*, p. 53。

久,他们去观看一场船赛。维特根斯坦——据罗素所说——认为那"一切都属于魔鬼":

> 他突然僵直地站了起来,解释说那天下午的生活方式是那么邪恶,我们甚至不应该活着,或至少他不应该活着,一切都是不可忍受的,除了生产伟大的作品或欣赏别人的伟大作品,他什么都没有做好,永远不会做好,诸如此类的话——所有的话都铿锵有力,足以把人打倒。他让我感到我像一只咩咩叫的小羊。[1]

但最终这些场面甚至罗素也难以忍受了。有一次,他告诉他的这个学生不要过多地想自己;另一次,他建议维特根斯坦读一些法国散文,以便摆脱由于只专注于逻辑而陷入"狭隘和不文明"的危险。维特根斯坦对这样的建议不予理会。几个月后,即1913年6月,维特根斯坦来找罗素分析他们的关系,指出他认为他们之间出了问题。由于未能成功地让他的学生镇静下来,罗素最后严厉地说:"你所需要

---

[1] 1912年11月9日给奥特莱纳·莫雷尔夫人的信:Monk, *Ludwig Wittgenstein*, p. 65。

二 剑桥、挪威和哲学：1911—1914

的一切就是自控。"话音刚落，维特根斯坦便"一脸的严肃"地离开了罗素的房间，也没有出席他们计划好的音乐会，罗素只好亲自去找他，担心他会自杀。

使二人关系如此紧张的是这样一个事实，即年轻的哲学家对罗素的思想越来越严苛，并开始提出一些越来越原创的逻辑思想。在他们的谈话中，维特根斯坦如此盛气凌人以至于罗素曾有一次中断了谈话。当他让维特根斯坦看他正在研究的关于认识论的手稿时，那反应确实是无情的：

> 他说一切都错了，没有意识到重重困难——他尝试过我的观点，知道那不可行。我不明白他为什么反对……但我骨子里感到他一定是对的，他看到了我错过的东西……我感到一切可能都错了，维特根斯坦一定会因为我做的这一切而认为我是一个不诚实的恶棍。[1]

回顾起来，罗素把这次批评视为生命中"一等重要"的事件，因为这使他意识到他不能再做那些基本的哲学研究

---

[1] 1913 年 5 月 27 日给奥特莱纳·莫雷尔夫人的信：Monk, *Ludwig Wittgenstein*, pp. 81-82。

了。"我的冲动被打碎了,就好像波浪撞在了防波堤上。我充满了极度绝望。"[1] 罗素停下了手稿创作,手稿直到死后才发表。

维特根斯坦在剑桥的第二年标志着他自己哲学活动的进步。1912—1913年圣诞节,他是在霍斯莱(Hochreit)的家庭别墅度过的,远离学术环境,很有成效,回剑桥后他向罗素汇报了他的进步。1913年3月,维特根斯坦的第一篇文章问世,关于P. 科菲(P. Coffey)的一本逻辑学教材的书评,发表在《剑桥评论》(*Cambridge Review*)上。这篇严厉的书评是他写过的唯一一篇,里面充满了过度自信:

> 在学问的任何一个分支里,都没有哪一位作者以如此多的杂芜,忽视哲学和逻辑学界那么多诚实研究的结果。这种情况就是科菲先生发表的一本书《逻辑学》:只有作为今日许多逻辑学家工作的一个典型例子,这本书才值得考虑……作者丝毫没有注意到现代数学哲学家的伟大工作——这项工作给逻辑学带来的巨大进步可与

---

[1] 1916年给奥特莱纳·莫雷尔夫人的信:Monk, *Ludwig Wittgenstein*, pp. 80-81。

二 剑桥、挪威和哲学：1911—1914

从星相学向天文学的进步，从炼金术向化学的进步相提并论……像这样一本书的最糟糕的地方就是用感性之人的偏见抵制逻辑研究。[1]

值得注意的是，在这篇书评中，维特根斯坦把自己也放在了现代逻辑学家的阵营里，也就是与罗素和弗雷格同日而语，尽管同时他也对他们的逻辑进行彻底的修改。虽然对这些思想家越来越吹毛求疵，维特根斯坦对他们的敬仰仍在。这可见于这样一个事实，即同年他翻译了弗雷格的《算术的基本规律》的一部分，这是与菲利普·茹尔丹合译的（译文以茹尔丹之名在《一元论者》[The Monist] 上发表）。

那年暑假的一半又是在霍斯莱度过的，而另一半则与平森特在挪威度过，成效甚佳。选择挪威的原因是明显的，此后他多次再访。[2] 起初，这两位朋友计划去西班牙，但他在霍斯莱取得的哲学研究的进展令他改变了想法。他现在需要一个安静的假期，能有机会进行一次满是消遣的航海旅行，周围是成群的"他无法忍耐的美国游客"（平森特如是说）。

---

[1] L. Wittgenstein, *Philosophical Occasions* (Indianapolis, IN, 1993), pp. 2-3.
[2] 关于维特根斯坦与挪威的关系，见 K. S. Johannessen, R. Larsen and K. O. Amas, *Wittgenstein and Norway* (Oslo, 1994)。

这次旅行比冰岛之行有趣得多。维特根斯坦现在是比较温和的伴侣,尽管还是发了一些"闷气"。他们的旅行舒适,几乎都是住头等舱,最后他们找到另一个安静的村子奥伊斯特斯(Øystese),在卑尔根(Bergen)附近,他们在那里度过了三个星期。他们玩多米诺骨牌、散步,也用大量时间工作。维特根斯坦要努力解决一些逻辑基础的难题,这显然需要集中全部精力。如平森特所说,维特根斯坦会"用德文与英文混合的语言"嘟囔着什么,"由始至终在房间里大步地走来走去"[1]。

维特根斯坦假期里取得的进步给了他信心,相信他正在做的是值得做的事。他感到他的想法都是原创的、有意义的,足以与**别人的**思想一样重要。但他的进步也给了他痛苦的理由,因为他的这些有价值的思想也会丢失的。在给罗素的信中,他写道:

> 我现在常常产生一种难以形容的感觉,即我的研究成果肯定会以一种或另一种方式全部丢失。但我仍然相信这不会是真的。不管发生什么都不要忘了我!(1913

---

[1] Monk, *Ludwig Wittgenstein*, p. 86.

二 剑桥、挪威和哲学：1911—1914

年9月5日）

我有各种各样的想法，它们对我来说都是非常基本的。现在那种在发表这些思想之前我就会死去的感觉一天比一天强烈，所以我的最大愿望就是把我迄今所做的**一切**都**尽快**传达给你。（1913年9月20日）[1]

1913年10月初，他们见面了，维特根斯坦向罗素长时间地描述了他的逻辑研究。幸运的是，罗素雇了一个打字员，维特根斯坦的研究结果才得以保存下来，最终于1961年以《逻辑笔记》（*Notes on Logic*）发表。这本书对弗雷格和罗素的逻辑本质概念提出了根本性批评，后来融入了《逻辑哲学论》。《逻辑笔记》是得以保存的维特根斯坦最早的哲学文本，提供了清楚的证据表明他当时的主要兴趣是逻辑基础，而**不是**现在流行的伦理学和神秘主义。如我们将看到的，伦理学和神秘主义是后来才增加的，而对《逻辑哲学论》的任何阐释都必须考虑他的利益谱系。

---

[1] L. Wittgenstein, *Cambridge Letters*, ed. B. McGuiness and G. H. von Wright (Oxford, 1995).

尽管取得了如此进步，维特根斯坦在剑桥还是越来越郁闷。他的假期，无论在霍斯莱还是在挪威，都比在剑桥的学期中收效更大。剑桥的人间喜剧中的各种消遣激发了他的病态感和易怒的性情，对于他所要从事的艰难的认识工作是有害的。此外，他相信罗素再也没有什么可以教他的了，也没有别的什么人可以拜之为师的了。于是他决定长时期地离开剑桥，孤独地在挪威从事研究。罗素对此计划并不以为然：

> 我的奥地利人维特根斯坦旋风般地冲了进来，刚刚从挪威回来就决定马上回到那里，在完全孤独之中生活，直到解决**全部**的逻辑问题。我说那里将是黑暗的，他说他恨日光。我说那将是孤独的，他说与智者谈话时他把心智当成了妓女。我说他疯了，而他说上帝把他从神志正常中解救了出来。（上帝当然会。）[1]

罗素最终接受了这个决定。维特根斯坦的昂贵的家具，他的一应物品，包括一些文献，都储藏起来了，他向这所了

---

[1] 1913 年 10 月 19 日给奥特莱纳·莫雷尔夫人的信：McGuinness, *Young Ludwig*, p. 184。

二　剑桥、挪威和哲学：1911—1914

维特根斯坦和平森特从挪威的肖伦（Skjolden）给威廉·埃克尔斯寄来的明信片。1913 年

不起的大学告了别。他在这里住了两年。1913 年 10 月中旬他离开了伦敦。三天后到达卑尔根，很快就在肖伦这个小村庄里住了下来，远离任何旅游路线和凡俗消遣。肖伦将成为他生活中大部分时间的第二隐居处，每当他内心焦虑、想要工作的时候，他就回到那里。远在北方，靠近森林和冰河，那里风景清冷，几近严酷，具有一种"寂静的严肃"的性格。他本人如是说。他在肖伦的生活并不完全是简朴和孤独的，他和邮递员汉斯·克林根伯格（Hans Klingenberg）一起住，这是一位受过教育的人，他的家人对维特根斯坦照顾周到。

在小团体里他交了几个朋友。比如阿恩·德莱格尼（Arne Draegni），一个比较富裕人家的子弟，维特根斯坦为了音乐而拜访他，还有安娜·莱布尼（Anna Rebni），当地的一个农民。在肖伦的第一年里，维特根斯坦学了挪威语，能够阅读易卜生等作家的原著。

更重要的是，他很快就投入了工作，感到已经找到了他所需要的灵感。他就逻辑的基础问题与罗素和弗雷格保持联系。他写给弗雷格的信都丢失了，但信的部分内容可以从弗雷格幸存的回信中推断出来。给罗素的信也同样重要，因为信中不仅仅谈的是关于逻辑的想法，也严肃地提出关于弗雷格语言和思想之观点的反对意见。比如，弗雷格认为每一个简单的陈述句，如"汤姆是美国人"，都有意义和指涉。意义就是这个句子表达的思想；在这个例子中，思想就是汤姆是美国人。思想不是物质客体，它们不具有时空和物理属性，而是"抽象的"，如数字一样。指涉是句子的真值，即"真"与"假"，它们也是抽象的客体。因此，每一个真句都指向客体的真。但是，如维特根斯坦指出的，这犯了把句子同化为名称的错误，因为名称的基本功能就是指涉客体。句子根本不是名称，因为你可以否定一个句子，但不能否定一个名称。（"不是查理·卓别林"就其自身而言是什么意思?）

二 剑桥、挪威和哲学：1911—1914

维特根斯坦也反对弗雷格关于意图性、我们思想的指向性，以及思想是如何抵达现实的论述。针对弗雷格的主张——"汤姆认为天在下雨"这个句子表示一个人（汤姆）与一个思想（天在下雨）之间的关系，维特根斯坦反对说，当汤姆认为天在下雨时天在下雨，天的确在下雨，那么，汤姆所认为的就恰恰是实际情况，也就是说，天在下雨。因此，并没有一个第三实体，一个思想，立于汤姆与现实之间、在汤姆与实际情况之间。相反，汤姆的思想直接抵达现实，而不是像弗雷格所认为的是一个抽象客体。（维特根斯坦的理论比这要复杂得多，因为它也旨在说明假句。）

在从挪威去往维也纳的途中，维特根斯坦抽出几天时间拜访了住在耶拿的弗雷格，与他进行了几次认真的讨论。两位哲学家没有就实质性问题达成一致见解，但是，如果说他1911年第一次访问维也纳以失败告终的话，维特根斯坦现在则相信正是他"彻底击败了弗雷格"[1]。他们再未见面。然而，维特根斯坦仍然仰慕弗雷格，总是带着他的一些作品，尤其是他的杰作《算术的基本规律》，书中许多章节他能够

---

[1] Goodstein, in *Ludwig Wittgenstein: Philosophy and Language*, ed. A. Ambrose and M. Lazerowitz (London, 1972), pp. 271-272.

熟练地背诵出来。在1951年的最后几则日记中,他写道:"弗雷格的写作风格真是**了不起**;弗雷格写得太好了,读他的文章是件乐事,但他的书写实在不怎么样。"[1]

在维也纳度过圣诞节后,维特根斯坦回到肖伦,一直住到1914年6月。他研究的逻辑和语言问题非常棘手,他感到进展非常缓慢。这几个月里他的情绪似乎很沮丧,几近全部绝望的边缘,即便不是疯狂的话。在任何一年里他都没有像在1914年那么频繁地思考自杀的问题。情况特别严峻。他现在不再像两年前那样到处寻找别人的赞同了,而是感到人们期待他去解决哲学中最棘手的问题,这实际上也是他的使命,此外,他在维也纳逗留期间,家人聚在一起纪念父亲去年的逝世(卡尔于1913年1月死于癌症),这使他深感不安,只能加剧他内心的折磨。这又是"逻辑与罪孽"的问题。我们在他此时期给罗素的信中充分感到他经受的双重压力:

> 有时我内心如此混乱以至于我感到要疯了:而第二天我又变得无动于衷了。但在内心深处有一股永恒的怒火,就好像岩浆的底部,我时刻都希望那个东西能一下

---

[1] L. Wittgenstein, *Culture and Value* (Oxford, 1980), p. 87e.

二 剑桥、挪威和哲学：1911—1914

子喷射出来，这样我就能变成另一个人。今天我无法给你写关于逻辑的事。也许你认为我对自己的这种想法是浪费时间——但是如果不是一个真正的人我又怎么能成为一位逻辑学家呢？最重要的是和我自己结账！[1]

很惨，但还是没有关于逻辑的消息。理由是，过去的几个星期里我的情况糟透了。……我每天都遭受可怕的痛苦的折磨，遭受抑郁的折磨，甚至在休息的时候我也如此疲乏以至于不想做任何事。……我从来不知道这种感觉距离疯狂只有一步之遥了。[2]

最终，也非常了不起的是，这种精神状态没有影响他的预期目标。但却的确影响了他与罗素和摩尔的友谊。他与罗素的友谊遭受了一次再也没有恢复过来的打击，而与摩尔的友谊也遭受了严重分裂，许多年后才得以弥合。我们并不确知在维特根斯坦与罗素之间究竟发生了什么，也可能是1914年初维特根斯坦给后者寄了一封（丢失的）信，以解决他们关系中一些公开的问题，包括维特根斯坦对罗素自由的生活

---

[1] 大约于1913年12月给罗素的信，Wittgenstein, *Cambridge Letters*。
[2] 1914年1月给罗素的信，同上。

方式的不满,但也包括他们在科学态度上的分歧。罗素似乎感到被冒犯了,如他本人所说,反应很"强烈"。结果便是一场严重的争吵,罗素很快就深感后悔,让维特根斯坦忘掉此事。但这个正确的请求却发给了错误的对象:

> 但我不可能接受你的请求……这与我的本性完全相反。……我已经得出了结论,我们真的不相配。**这不是责备!** 既不对你,也不对我。这是事实。当有些主题出现时我们相互间的谈话总是令人不愉快。……我们最后一次争吵当然不是简单地因为你的敏感或者我的考虑不周,而有更深的原因——我的信会向你表明我们的想法该有多么不同,关于科学研究价值的想法……我完全清楚地看到你的价值判断就像我的价值判断一样优秀、一样根深蒂固,我无权盘问。但我也同样清楚地看到,也恰恰是由于这个原因,我们之间不可能有任何真正的友谊了。**我将感激你,并将终生衷心于你,但我不会再写信给你了,你也不会再见到我了。既然我再次与你和解,我就要和你和平分手**……再见! [1]

---

[1] 1914 年 2 月给罗素的信,同上。

二 剑桥、挪威和哲学：1911—1914

罗素一定被这封信吓了一跳。然而，他还是给维特根斯坦又写了一封和好信。后者回信了，就算打破了坚冰，但是，尽管语气温和了许多，维特根斯坦依然强调了他们之间的不同。他建议他们以后永远不要讨论价值判断的问题，而只谈客观事物，因为他不能忍受对朋友不坦诚的那种虚伪。当然，当朋友间开始讨论哪些主题是合法的、哪些是不合法的时候，这不是最好的兆头。从1914年初，他们之间的关系就基于影响和尊重，往返信件大多是讨论哲学的，或无论如何不是亲密的那种。

与摩尔的冲突属于另一种性质，而且完全是维特根斯坦的错。维特根斯坦一遍又一遍地敦促摩尔到肖伦来，在那里工作。他没有意识到仅仅为了到遥远的挪威的小村庄而放弃一个舒适的学术环境，同时还要忍受维特根斯坦的盛气凌人，这样的前景不会吸引摩尔。实际上，摩尔是个羞涩敏感之人，有点怕维特根斯坦，尤其听说了他与罗素的吵嘴之后，他终于放弃了这些考虑，1914年3月到4月用两周时间拜访了维特根斯坦。这次逗留并非没有愉快的方面，他们一起散步，进行过多次令人激动的谈话，与德莱格尼家一起弹钢琴。但当讨论哲学和逻辑时，维特根斯坦就独占鳌头，只给摩尔留了个听者的角色。摩尔尽最大努力扮演了这个角色，记下了维特根斯坦所说的话。《与 G. E. 摩尔的挪威谈话录》(*Notes Dictated to G. E. Moore in Norway*) 约有十五页，1961 年出版。仅就现存维特根斯坦早期文献几乎阙如的这个事实而言，这些口授就极具价值。口授中有最早出现的说与展示之间的区别，这不仅是《逻辑哲学论》的核心，这些观点在他的哲学之外，甚至在哲学之外也非常流行。

回到剑桥后，摩尔问一位学校官员，名义上仍然是一位本科生的维特根斯坦是否可以呈交论逻辑的论文，以获得学士学位。回答是肯定的，但条件是，这篇论文必须符合学生标准，也就是说，要有一个前言明确创新之处，有尾注注明引文出处。摩尔把这些并非他所要求的标准寄给了维特根斯坦，而维特根斯坦则大发雷霆，与其说是针对大学，毋宁说是针对摩尔：

> 你的信让我心烦。我写《逻辑》(*Logik*，可能是丢失的手稿)并没有参照"规则"，因此我以为公平的做法是不按照规则就给我学位！至于前言和尾注，我以为检察官们很容易就能看出来我引了多少鲍桑葵(Bosanquet)的话。——如果我不值得你例外处理的话，即使**是在一些愚蠢的细节上**，我宁愿直接进地狱；如果

二 剑桥、挪威和哲学：1911—1914

隐士的居所：维特根斯坦在挪威肖伦的房子，建于第一次世界大战前

我值得，那你就不要那样做——上帝作证——你会去那里的。[1]

即便考虑到维特根斯坦有问题的精神状态，这封信也纯然是粗暴而不公平的。摩尔深感不安，他的日记显示了这一点。他没有回信。维特根斯坦终于忍不住再次写信给摩尔，表示了三心二意的歉意。然而，他们的友谊经受了如此沉重

---

[1] 1914年5月7日给摩尔的信，同上。

的打击，直到十五年后他们再见面时才得以恢复。

摩尔离开后，维特根斯坦在离肖伦一英里外的小湖边建造了一个小木屋，计划更长时间的，甚至更与世隔绝的居留，直到解决基本的逻辑问题为止。1914年他是否在那所房子里住过，尚不得知晓，因为他离开肖伦之前家具始终未到，但是，他想要在这种艰苦环境中小住的愿望足以说明他受伤的灵魂，说明孤独似乎对他发生了正面作用。选择远离闹市而住在这种棚屋里的其他哲学家，可以想到的有马丁·海德格尔和康斯坦丁·诺伊卡（Constantin Noica）[1]。但就海德格尔的情况而言，那个棚屋仅仅是一个哲学教授用来度假的去处，其余时间他都住在弗赖堡（Freiburg）家乡的别墅，因此这只是以玄学为掩盖的资产阶级浪漫主义，而就诺伊卡的情况来看，隐居则是一个不同政见者的被动选择，远离权威而从事自己的哲学研究。维特根斯坦的隐居既不是出于选择，也不是由于外部压力，而是内在需要。

为了躲开即将到来的旅游季，维特根斯坦于1914年7月离开挪威，回到家乡。这一去直到1921年才回来。维特

---

[1] 康斯坦丁·诺伊卡（1909—1987），罗马尼亚哲学家。见 G. Liiceanu, *The Paltinis Diary* (Budapest, 2000)。

二 剑桥、挪威和哲学：1911—1914

根斯坦此时已是一个富人了，因为与他的哥哥姐姐们一样，他继承了父亲的一大笔财产。他的年收入至少是十二万英镑（这是今日的货币折算，而且可能仅仅是利息）。但是，由于忠诚于家庭的慈善事业，他找到各种方式捐赠了许多。如前提及，他是卡尔·克劳斯的杂志《火炬》（Die Fackel）的热切读者，如此热切以至于把一些《火炬》寄到了肖伦。就是在其中一期中他读到了克劳斯论路德维希·冯·菲克尔（Ludewig von Ficker）的文章，菲克尔是奥地利另一份文学杂志《燃烧》（Der Brenner）的作家和编辑。克劳斯以其特有的讽刺口吻写道："应该知道，奥地利唯一一份真诚的评论杂志在因斯布鲁克（Innsbruck）发行，即使不是在奥地利，至少在德国，其唯一一份诚实的评论杂志也是在因斯布鲁克发行。"[1] 不管是否诚实，这确实是一份先锋杂志，像埃尔斯·拉斯克－许勒尔（Else Lasker-Schüler）、赫尔曼·布罗赫（Hermann Broch）和格奥尔格·特拉克尔（Georg Trakl）等诗人都在这份杂志上发表诗作，他们也许是日耳曼语言中最伟大的表现主义诗人。克劳斯仰慕菲克尔这个事实足以让维特根斯坦捐赠四五万英镑给菲克尔，分发给需要的艺术家

---

[1] Monk, *Ludwig Wittgenstein*, p. 107.

们。菲克尔一开始还怀疑这笔突如其来的捐赠，但当几封信过后，他发现维特根斯坦是真心实意的。他们一致同意受赠者为特拉克尔、拉斯克－许勒尔，画家奥斯卡·科柯施卡（Oskar Kokoschka），诗人特奥多尔·多伊布勒（Theodor Däubler）、特奥多尔·哈科尔（Theodor Haecker）、赖纳·马里亚·里尔克等。其中大多数人的作品，维特根斯坦都没读过。当菲克尔把特拉克尔的诗寄给他时，他评论说："我读不懂，但格调令我高兴。这是真正的天才的格调。"有趣的是，维特根斯坦在1914年与特拉克尔失之交臂。当他作为奥地利士兵驻扎在克拉科夫[1]（Krakow）的时候，维特根斯坦得知另一位奥地利士兵特拉克尔就在当地的一家医院里。他急忙跑到那家医院，却极其沮丧地了解到这位诗人就在三天前过量服用可卡因自杀。

维特根斯坦的确知道并欣赏里尔克的早期作品，那是19世纪末的新浪漫主义风格，里尔克的感谢信也令维特根斯坦深受感动：

> [这封信]打动了我，并让我深为之高兴。任何一

---

[1]　克拉科夫，波兰南部城市，19世纪中叶，被奥地利占领。

二 剑桥、挪威和哲学：1911—1914

个崇高之人的感情对我不稳定的生活都是一种支持。我完全不值得这样一个辉煌的礼物，我把它当作这份感情的象征和纪念深藏在心底。请向里尔克表达我最深切的谢意和忠诚的**奉献**。[1]

他逐渐对里尔克于第一次世界大战后发表的出新之作表示不赞同。如前提及，当代艺术和文学并非他之所好。但有一个例外，那就是建筑。在他捐赠的所有受益者中，阿道夫·洛斯是维特根斯坦欣赏的唯一一位艺术家，尽管他是彻头彻尾的进步人士和现代主义者。当通过冯·菲克尔在维也纳的一家咖啡馆里第一次见到洛斯时，这位哲学家就喜欢上这位建筑师了，在首都是一位有争议的名人，身处现代建筑的热潮之中。但是维特根斯坦和洛斯并没有根深蒂固的分歧，因为两人有许多相同之处，尤其是对任何形式的装饰的憎恶。洛斯展示了他激进的极简主义，在帝国大厦对面建起了颇有争议的一座建筑，被誉为"没有眼眉的房子"，因为窗子上方竟然连滴水石都没有。[2] 对洛斯来说，这不但是纯

---

[1]　1915 年 2 月 13 日给菲克尔的信，同上，第 110 页。

[2]　McGuinness, *Young Ludwig*, p. 209.

粹的风格上的选择，而且还表达了一种伦理立场。作为一名对新艺术的激烈抨击者，他在《装饰与犯罪》（*Ornament and Crime*,1908）一文中写道，装饰是不道德的、堕落的，最有力地表明文明已经腐朽。当某物毫无用处地附着于一个有用的物体时，那就是装饰，于是这剥夺了艺术的本质——这是一种真正的"犯罪"。"文化的进化与清除日常用品的装饰是同步的。"[1]我们看到这种严格的极简主义与维特根斯坦理想的纯粹一拍即合，他在魏宁格的作品中也发现了这种纯粹。洛斯很快就成为维特根斯坦的一个参照点，当1920年帮助姐姐玛格丽特建造豪宅时，这也影响了维特根斯坦自己的建筑理念。然而，战后他便不喜欢洛斯了，因为在他看来洛斯已经被"知识分子有毒的造假"所毒害了。喜欢和不喜欢、感兴趣和失去兴趣，这个模式标志着维特根斯坦人际关系的特点。如果所论的人不符合他的标准，无论是伦理的还是别的，他便无法与之保持接触。维特根斯坦必须接受其整个人格，否则便难以维持友谊。

---

[1] A. Sarnitz, *Adolf Loos* (London, 2003).

三 战壕里:1914—1918

1914年7月28日,奥地利向塞尔维亚宣战。尽管由于疝气而没有应征入伍的可能,维特根斯坦还是在8月7日自愿报了名。两天后,他开始创作《逻辑哲学论》中幸存的最早的手稿部分,现在被分类为MS101(以《笔记:1914—1916》[*Notebooks, 1914–1916*] 为题发表)。整个战争期间,他继续哲学研究工作。当时和后来一样,他的工作方法就是把洞见以分离但却相关的言论记入笔记本。有时不过是高度浓缩的一两句话,其发展轨道就被指了出来,但维特根斯坦没有深入挖掘。在他认为这本书于1918年夏天完成之前,至少还有五份手稿有待完成。因此,《逻辑哲学论》全部是在战争期间完成的,而其作者则在前线服役,时常在战壕里,在残酷的战斗之中。战争的经历在作者及其书上留下了痕迹。维特根斯坦的逻辑和语言基础的研究工作没有停止,而《逻辑哲学论》的最后章节涉及的伦理学和神秘主义,是他战争后期研究的话题。

维特根斯坦出于爱国热情而入伍,他感到他需要保卫国家,但是,与大多数同胞不同的是,他并没有那股让数百万人毫无意义地死去的战争狂热。他在日记中写道:

> 在我看来毫无疑问,我们无法战胜英国。英国人——世界上最好的民族——**输不起**。而我们输得起;我们会输。即便不是今年,那就是明年。一想到我们的种族将要被打败,我就倍感沮丧,因为我是完全的日耳曼人。[1]

抛开爱国主义不谈,上战场的另一个原因也是出于一种典型的情感,尤其是知识分子的情感:欧洲已经腐朽和死亡,必须做些真实的、再度与"生命"相关的事。如姐姐赫米内在回忆录中所说,维特根斯坦"具有承担重任的强烈愿望,去做一些知识分子分外的事"。与其他同时代人一样,他把战争看作是对个人的一次考验,相信只有面对死亡才能

---

[1] MS 101,1914 年 10 月 25 日。所有手稿源出 Wittgenstein, *Nachlass* (Bergen and Oxford, 2000)。

三 战壕里：1914—1918

发现他的价值。

维特根斯坦不久就尝到了战争的滋味。开始时他被分配到炮兵部队，十天后就转到一艘小战舰 Goplana 号上，顺着维斯瓦河直插敌人境内。下面是他刚到战舰上的第一天身穿睡服记叙的第一个任务：

> 突然于凌晨一点被上尉叫醒，他说我必须马上到探照灯那儿去："别穿衣服。"我几乎赤裸地跑到指挥塔。冷风刺骨，下着雨。我想我肯定会死在这里……我害怕得不得了，呻吟起来。我感觉到了战争的恐怖。现在（晚上）我克服了恐惧。如果改变不了我现在的心理状态，那就得尽最大努力活下来。[1]

人工控制探照灯的任务是秘密的和相对危险的。而真正的问题是他的同事，也就是在东部前线的战友们，他发现这些人让他无法忍受。除了几个人之外，在他眼里，他们是"一伙儿酒徒，一伙儿粗鄙愚蠢之人""凶狠、无情""惊人

---

[1] MS 101, 1914 年 8 月 18 日。

地狭隘",实际上没有人性,在1916年春的一则日记中他这样写道。他们大多数都出身劳动阶级,维特根斯坦与其毫无共同之处。但在有限的环境里,拥挤的船上生活鲜明地展示出他与他们之间的区别。他感觉他们恨他,他也恨他们。他的方式和态度,他的吹毛求疵和优雅高贵,在这种情况下只能是一种障碍,特别是这些特性与较高的级别并不对应。如在林茨上学时一样,他感到被排斥和被背叛了。他努力保持基督徒的谦卑,敦促自己理解和容忍战友们。但在仇恨消除之时,他仍然感到恶心。尽管如此,他并未设法逃离这种环境:由于毕业于林茨,他有权享有某些特殊待遇,但维特根斯坦在相当长一段时间内拒绝使用这些特权。这就是维特根斯坦式的自我折磨。

维特根斯坦陷入了1914年命运不济的东部战场,在11月初,即便没有退却,这场战役也陷入了停顿。他的日记准确地描述了分崩离析的奥地利军队的士气。日记还通过编码的图表向我们展示了他的宝贵的哲学洞见,和一些比较私密的事情。我们也理解了他的一般心态,间歇并几乎神秘地爆发的严重的沮丧。这些都是新的现象,因为维特根斯坦战前并不信仰宗教,在林茨时就失去了童年的信仰。战争改变了他。很难说这是一种正常的皈依。但是,

三 战壕里：1914—1918

1914年8月以后仍然说他是无宗教信仰者，这当然是错误的。在其服役初期，他就去了塔尔诺（Tarnow）的一家书店，发现那里除了明信片，就只有一本书，即《托尔斯泰福音书》（*Tolstoy's Gospel in Brief*）。他买了这本书，读了又读，时刻都随身携带着（使得战友们都称他是"随身带着福音书的人"）。如麦吉尼斯所看到的，维特根斯坦在托尔斯泰对基督教的理解中发现了一条幸福之路，即便不是针对其早年的痛苦，这本书也非常适合在军队里濒于崩溃状态的他，因为这本书提供了一种疗法，能使人独立于外部的侮辱和痛苦：要想从死亡中获得救赎，你就必须抛弃私念，与把我们大家团结在上帝之内的那种精神合而为一。你必须过一种为别人服务的生活，通过与自私本性做斗争而获得永恒，而这种自私本性就是痛苦的真正根源。托尔斯泰当然为他提供了慰藉：

> 消息越来越糟。今晚时刻都得准备着。我每天工作，无论多少，也有一定的信心。我在脑子里一遍又一遍地重复托尔斯泰的话。"人在肉体中无能为力，却因为精神而自由。"愿那精神就在我体内！……开始射击时我该怎样做？我不怕被射中，但害怕不正当地履行我

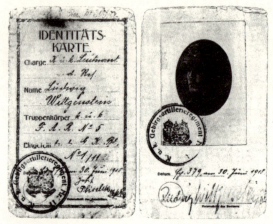

维特根斯坦的军人证

的职责。上帝给我力量吧!阿门。阿门。阿门。[1]

一天后他写道:"现在我有机会当一个体面的人,因为我正面对着死亡。"毫无疑问,这里我们听到的是一种宗教声音,但迄今为止仅仅是基督教的,而且是以托尔斯泰的阐释为媒介。毕竟,维特根斯坦的祷告都是短暂的,祈求的是"精神",而不是耶稣。难道这不是知识分子理性化了的宗教信仰吗?难道这不是魏宁格极力倡导的履行"自身职责"的

---

[1] MS 101,1914 年 9 月 13 日。

三　战壕里：1914—1918

精华版吗？他不完全是真正地信仰基督耶稣的教导、耶稣的受难和复活的神话，而是接受托尔斯泰的内心良方来对付严重的生存困境。这样一种"流线型"的宗教形式在西方传统中有其自身的传统，其先驱是大卫·弗里德里希·施特劳斯（David Friedrich Strauss）、叔本华和拉尔夫·沃尔多·爱默生（Ralph Waldo Emerson）（后二者的著作也是维特根斯坦在战争期间读过的）。这些都是难题。无论如何，他感到了尼采的《反基督》(*The Anti-Christ*)给基督徒带来的那种困惑，这是1914年底他读过的一本书：

> 我强烈地感到了[尼采]对基督教的敌意。因为他的著作里也含有真理。诚然，基督教是唯一确实的幸福之路；但是，假如有人不稀罕这种幸福呢？那会不会就是在与外界无望的斗争中痛苦地死去呢？可这样一种生活是无意义的。……为了不使我的生活迷惘我该做些什么呢？我必须时刻保持警惕。[1]

对此时的维特根斯坦来说，生死问题是个人的而不是

---

[1]　MS 102, 1914年12月8日。

哲学的，其关于生死问题的编码日记仅次于其广泛的、不相关的和未编码的，关于逻辑基础、语言和本体论的笔记。这一点需要强调，以反对那种夸张但却时髦的说法，即他的伦理和逻辑关怀是一块硬币的两面。当在敌人的火力之下或陷入内心深渊的极度痛苦之中时，维特根斯坦并没有通过解决罗素的悖论来寻求拯救，也没有祈求逻辑缪斯或伟大的量词（the Great Quantifier），而是诉诸托尔斯泰的福音书。要说其逻辑研究与宗教问题之间存在某种统一性，那就把前者传奇化，把后者庸俗化了。

维特根斯坦在克拉科夫的炮兵部队的车间里相对安稳地度过了 1915 年，在这里，他作为工程师的技术是非常过硬的。夏天，他在车间里的一次爆炸中受了轻伤，在医院里度过了一段时期。之后他又去了另一个炮兵车间，就在离利沃夫（Lvov）很近的一列火车上。最后，按他自己的要求，他于 1916 年 3 月调到了加利西亚（Galicia）俄国前线的一个榴弹炮部队，主动要求在晚上的观察哨所工作，这在地点和时间两个方面上都是危险最大的。麦吉尼斯描写了他"生活中最艰难的时刻之一"，而这并不是夸张。[1] 维特根斯坦食物

---

[1] McGuinness, *Young Ludwig*, p. 238.

三　战壕里：1914—1918

中毒，还染上了其他疾病，感到被战友们排挤，最后在 4 月末，在观察哨所第一次经历了敌军炮火之下的战斗。然而，他感到如果要离开人世的话，那还是自杀的好。"也许接近死亡将给我的生活带来光明。"[1]在这个严峻、危险的时期，维特根斯坦的自勉方式是有些动人之处和启发性的。虽然姐姐赫米内有时候相信他是圣人，但他绝对不是。他的日记具有一种解除武装的真实性，许多见过他的人都亲眼看到的一种真实性。在战斗期间，他在祷告中寻求安慰，自言自语的祷告和向上帝的祷告。"我的灵魂在萎缩，上帝给我光明吧！上帝给我光明吧！上帝赋予我的灵魂以光明吧！"[2]"上帝就是我需要的一切。"[3]此时，这个人与剑桥的傲慢的学生该有多么不同啊！他对基督徒，比罗素自己对待基督徒还要糟糕。

> 尽最大努力。不能再多了。高兴起来。要满足。因为别人只能支持你很短的时间（然后你就会成为他们的累赘）。用力自助和帮助别人。同时高兴起来。但是，

---

[1]　MS 103，1916 年 5 月 4 日。
[2]　MS 103，1916 年 3 月 29 日。
[3]　MS 103，1916 年 4 月 30 日。

你有多少力量用于自己、有多少力量用于别人? 过一种善的生活很难。但善的生活是好的。然而实现的不是我的意志而是你的。[1]

只是在最危险的几个月过后,这些个人笔记才又与他研究的哲学体系联系起来,以关于上帝、伦理学和生活的意义为题表达了未编码的**一般**看法,有些写入了《逻辑哲学论》的最后章节。它们不仅反映了他最近的经历,也回应了他所阅读的叔本华、尼采、爱默生、托尔斯泰、陀思妥耶夫斯基(《卡拉马佐夫兄弟》[*The Brothers Karamazov*] 他读了许多遍,许多段落都熟记在心)。下面就是其中一段强有力的表达:

> 我对上帝和生活的目的知道什么?——我知道这个世界存在。——我被置于这个世界之中就像我的双眼在它的视域之中。——关于世界的认识是有问题的,我们称之为意义。——这个意义不在世界之内而在世界之外。——生活就是世界。我的意志非善即恶。——因此,善恶似乎与世界的意义相关。——生活的意义就是世界

---

[1] MS 103, 1916 年 3 月 30 日。

的意义,我们可以称上帝。[1]

死亡不是生活中的事件。死亡不是世界的一个事实。——如果不把永恒理解为无限的时间绵延,而理解为非时间性,就可以说一个人永远活着,如果他活在当下的话。——为了活得幸福我必须与世界达成一致。而那就是"幸福"的**意思**。——于是,我就得与我似乎依附的外在意志达成一致。这就是说:"我执行上帝的意志。"——面对死亡而害怕就是虚假的,也即——糟糕的生活的最好表征。[2]

普遍的伦理法则"你要……"一旦确立,第一个想法就是:假如我不做呢?——但显然伦理学与惩罚和奖赏无关。所以关于一个行为之后果这个问题一定不重要。至少这些后果不是事件。这个问题毕竟有其正确的地方。一定有**某种**伦理奖赏和伦理惩罚,但那一定涉及行为本身。——同样明显的是,奖赏一定是令人愉快的,惩罚是不令人愉快。——我不断讨论这个问题!只是因为幸福生活是好的,不幸福的就是坏的。而如果**现**

---

[1]　MS 103,1916 年 6 月 11 日。
[2]　MS 103,1916 年 7 月 6 日。

在我自问：可我为什么要**幸福地**生活呢？这本身在我看来**就是**一个语义重复的问题；幸福生活似乎是有道理的、自足的，似乎那就是唯一正确的生活。——但这在某种意义上深刻而神秘！**显然**伦理学是不能**被表达**的。[1]

我们在这些议论中发现几个内在相关的主题：一个是人类的幸福：它只能通过善举才能获得，而且就在这些善举之中。幸福如果被理解为一个永恒的目标那就不能获得。与此相关的是一种斯多葛（Stoic）态度，即不被世界上的任何事件所影响，尤其是威胁着生命的事件。另一个相关的主题就是道德唯我论，说的是善恶不在世界之中，而通过**我**而施与，即**我**对整个世界的看法。最后一个论点是，伦理是"超验的"、人生中最重要的价值，善、幸福、上帝，所有这一切他用"高于"这个词来概括，"高于"这个世界就是不属于这个世界，通过对物质世界的科学观察什么也不能获得或发现。价值是通过对整个世界的态度而给予的，因此不属于这个世界。但是，既然所有这一切都是可以表达的，世界上的真实物体及其属性是可以用科学语言来表达的，那么，伦

---

[1] MS 103，1916 年 7 月 30 日。

三 战壕里：1914—1918

理学的内容就是不可表达的，它只能被展示。这里我们看到被言说与只被展示之间的区别，如我们将看到的，这对他的逻辑和玄学说教至关重要。但是，我们也还要问，维特根斯坦本人不是至少在某种程度上告诉过我们伦理学都包括什么内容了吗？难道他没有说过价值不属于这个世界，善举在自身中找到奖赏，实际上，伦理学本身就是那个无法讨论的东西吗？一旦应用到他的伦理观和逻辑与玄学观点上来，这个言说/展示的区别中就含有某种悖论。

维特根斯坦意识到他的研究范围已经拓宽了。1916年夏末他说道："我的工作已经从逻辑基础拓展到世界的性质了。"[1] 此时期的日记也较以前稀少，但一个了不起的事实是，他在那种情况下依然设法进行哲学研究。因为那年夏天并非普通的夏天。他的部队已经深陷俄国布鲁希洛夫（Brusilov）保卫战的围剿，重大损失之后不得不撤退（根据一种统计损失了80%兵力）。然后他的部队转战布科维纳（Bukovina）和克罗米亚（Kolomea）战场。他的上司们报告说他在战斗中表现非凡。其中一份报告说他"不顾炮塔上空的密集炮火的轰炸，[维特根斯坦]观察到迫击炮的发射并

---

[1] MS 103，1916年8月28日。

计算出其着陆点……这一独特行为对战友们起到了镇定效果"[1]。他被授予两枚勋章,并被晋升为下士。

由于在前线的表现,维特根斯坦于1916年10月被派到摩拉维亚(Moravia)的奥尔米茨(Olmütz)军官学校。在这里,他遇到了保罗·恩格尔曼(Paul Engelmann),一位年轻的犹太建筑师,洛斯的学生,克劳斯的朋友,与维特根斯坦在艺术观点上大体相同,偶尔也在《火炬》上发表文章。他们很快就成为亲密朋友。这是一段了不起的友情,持续了十年之久,最终结果便是20世纪20年代末合作建造玛格丽特·维特根斯坦的著名豪宅。

在奥尔米茨,维特根斯坦开始参加恩格尔曼的文学圈子,结识了年轻有学问的犹太人、文人、艺术家等。他很快就成了这个圈子的核心,实际上是颗明星。他出身于维也纳的一家名门望族,具有高雅的文化感性,在剑桥于罗素门下学习哲学和逻辑,现在正建构自己的哲学体系,最后但并非不重要的是,他刚刚从东部前线回来,在那里他曾经面对过死亡。这个圈子的成员演出过《仲夏夜之梦》(*A Midsummer Night's Dream*)和莫里哀(Molière)的《无病呻吟》(*Le*

---

[1] McGuinness, *Young Ludwig*, p. 242.

Malade imaginaire);他们一起读歌德和席勒(有一次维特根斯坦称赞席勒热爱自由)等德国诗人的作品;他们演奏轻音乐,如舒伯特和勃拉姆斯的作品;他们专心于伦理学、美学以及维特根斯坦所喜欢的作家的谈话,如叔本华、托尔斯泰、陀思妥耶夫斯基和魏宁格;他们还一起读《新约》(*New Testament*)。维特根斯坦甚至让他们读弗雷格的一些著作,并向恩格尔曼解释他的哲学体系。与前线的道德和生存困境相比,这些相遇就是极乐。但奥尔米茨不仅仅为他已经破碎的灵魂提供了修复;与这些中坚知识分子的这次相遇也使他对美学问题产生了极大兴趣,对美学的思考也在《逻辑哲学论》中浮现。正是在这里,他终于设法在逻辑、伦理学与美学之间建立起联系,进而证明了魏宁格的观点,即这三者实为一体,这实际上可以追溯到古代的一个观点。[1] 他在日记中写道:"艺术品是在永恒的相下看见的物体,美好生活是在永恒的相下看见的世界。这就是艺术与伦理学之间的关联。"[2]

---

[1] McGuinness, *Young Ludwig*, p. 252.

[2] MS 103,1916 年 10 月 7 日。"在永恒的相下"原文为 *sub specie aeternitatis*。

从另一个角度看，与奥尔米茨圈子的相遇可谓值得注意：这是维特根斯坦在犹太环境中的唯一一次相遇。但这些年轻人的犹太性并非是本质的。把二者联结在一起的是"对一种自制宗教的需要"[1]。如麦吉尼斯所看到的，维特根斯坦是在寻找一个替身，以替代传统的基督教教育，而这些奥尔米茨知识分子则在寻找对犹太性的替代，犹太性也同样失去了传统的意义。[2]

1917年1月，维特根斯坦作为军官回到东部前线。为了制造12英寸（约30.48厘米）口径的榴弹炮，他刚刚捐献了一百万克朗给奥地利政府。他马上就投入了在克伦斯基（Kerensky）的一场激烈的攻击战，又被授予一枚英勇勋章，并被举荐另一次提升。1918年2月，他被提升为上尉，3月，被调往意大利前线。在奥地利6月的攻击战中，他表现得极为勇敢，救了几位战友的命。他被推荐获得金质英勇勋章（在奥地利，这与英国的维多利亚十字架相等），但最终获得的却是稍小一点的荣誉。在关于他的一份报告中，我们读到："他的勇敢、镇定、临危不惧和英雄主义使他赢得

---

[1] B. McGuinness, *Approaches to Wittgenstein: Collected Papers* (London, 2002), p. 34.

[2] 同上，pp. 34-35。

三 战壕里：1914—1918

了全军将士的仰慕。他用行动树立了光辉的榜样，即忠诚和军人的责任感。"[1]

1918年在许多方面对维特根斯坦都是非常重要的。首先，战争结束了，而且，他提前一周就进入了停战状态，因为他在特伦托（Trento）附近被意大利军队俘虏。其次，这一年他失去了亲密朋友大卫·平森特。战争期间，平森特没有积极履行职责，但却接受了飞行员训练。1918年5月在一次试飞中他的飞机失事了。这对维特根斯坦是巨大的损失，足以成为离开奥地利时他要自杀的理由。有迹象表明他的叔叔保罗·维特根斯坦救了他。保罗是位房地产经理、画家和艺术赞助人。他喜欢这个侄子，当维特根斯坦在萨尔茨堡（Salzburg）火车站打算自杀时，他突然出现在路德维希面前。[2] 1914年第一次接到平森特的战时信件时，他就激动得亲吻那封信。他极想再见到这位朋友，称他为"我亲爱的大卫"，并在日记中这样写道："来自大卫的可爱的信……给大卫回信。非常性感。"[3] 这些话说明路德维希可能确实对大卫有种未曾圆满的爱；这是他并非没有意识到的一个事实。

---

[1] McGuinness, *Young Ludwig*, p. 263.
[2] 同上，p. 264。
[3] MS 102，1915年3月16日。

他在日记中写道:"我不知道他是否有像我想他的一半地那样想我。"

最后但并非不重要的是,在1918年,维特根斯坦完成了《逻辑哲学论》这本书,将其题献给了大卫·平森特。

四　逻辑与神秘主义:《逻辑哲学论》

《逻辑哲学论》是六年艰苦劳动的结果,是维特根斯坦一生发表的唯一一部哲学著作。起初他称之为"逻辑哲学论文"(*Logisch-philosophische Abhandlung*),后来,在摩尔的建议下,其英文版采用了拉丁语 *Tractatus Logico-Philosophicus*(《逻辑哲学论》),这就是今天人们所知的书名。它是如何最后成书的,对此并没有完整的文献记载。如前所述,1914—1918年间,他写了几本笔记,然后将其统一成一本手稿。最后一个手稿(MS 104)是最重要的,大体上预示了后来这本书,但其命题顺序和前言除外。现在人们所知的《原论文》(*Prototractatus*)发表于1971年。《逻辑哲学论》是哲学史上的一部奇书,即便仅仅是由于其风格。它简短,英文版只有九十页。它包括下列七个主要命题:

1. 世界就是所发生的一切。
2. 所发生的一切,即事实,就是原子事实的存在。

3. 事实的逻辑图画就是思想。

4. 思想就是有意义的命题。

5. 命题就是基本命题的真值函项。(一个基本命题是自身的真值函项。)

6. 真值函项的一般形式是([p̄, ξ̄, N(ξ̄)])。这是命题的一般形式。

7. 在你不能说话的地方,你就必须沉默。

除了最后一个,这些命题中的每一个都由其他标有数码的项目来解释,依此类推。比如,命题 1 被 1.1 所解释("世界是事实的总和,而非事物的总和"),这个命题又被另两个命题 1.11 和 1.12 所解释。这使得该书看上去像是结构精密的研究,几乎就是一道数学证明题。实际上,标有数码的命题与《数学原理》中的证明有些相似之处。也许,在欧洲哲学中,唯一一本超越数学美和朴素的书就是斯宾诺莎(Spinoza)的《伦理学》(*Ethics*, 1677),书中触目皆是定义、原理和引理,与实际的数学证明毫无二致。但是,《逻辑哲学论》也许更难于理解,这主要是因为它充满了现代数学逻辑的技术术语和形式主义,如果不熟悉弗雷格和罗素的逻辑就难以参透。而且,与斯宾诺莎不同,维特根斯坦并没有对许多关键概念给予定义,没有表明他是怎样提出这些命题的。读者要自己去

四 逻辑与神秘主义:《逻辑哲学论》

琢磨这些命题是什么意思,是哪些论证得出来这些命题的。如果他的笔记未曾幸存的话,我们或许会一头雾水。

对该书的理解又由于这样一个事实而被进一步复杂化,即在撰写此书的过程中,维特根斯坦是在遵循某一美学理想。当然,像某些阐释者所说的把《逻辑哲学论》当作一件艺术品,当作"一首诗"[1],这并不真实。像特里·伊格尔顿所说,《逻辑哲学论》的"真正坐标"其实是乔伊斯、勋伯格和毕加索,而不是弗雷格和罗素,这也不正确。[2] 该书的真正坐标是弗雷格和罗素,以及他们对逻辑本质的探讨。它含有一个复杂的哲学体系,主要基础是隐含的论点,但仍然是论点。该书的确具有鲜明的艺术特色。维特根斯坦总是有书写片段和警句的倾向,部分是受叔本华和利希滕贝格的影响,这能说明他的许多著作何以都是片段性质的。此外,他对洛斯和魏宁格的纯化和极简主义理想感兴趣,如前所论,这是把装饰当作"犯罪"而抛弃的一种理想。在前言中,

---

[1] 见 e. g., M. Perloff, *Wittgenstein's Ladder: Poetic Language and the Strangeness of the Ordinary* (Chicago, IL, 1996); D. Rosema, "Tractatus Logico-Philosophicus: A 'Poem' by Ludwig Wittgenstein", *Journal of the History of Ideas*, LXIII/2 (2002)。

[2] 见 T. Eagleton, "Introduction to Wittgenstein", in *Wittgenstein: The Terry Eagleton Script; The Derek Jarman Film* (Worcester, MA, 1993), p. 5。

维特根斯坦写道:"如果本书有什么价值的话,那它就包含着……思想于中得以表达这一事实,钉子头被钉得越狠,其价值就越大。"维特根斯坦把这篇哲学文章服从于完美主义的理想,即要发现最准确的表达方式,"富有解放性的词"[1]"把车厢准确地放在轨道上"[2]。他以诗人的眼光看待自己的写作;任何一个词或句子都不应该是多余的或随意的。"当我说哲学应该真正地只能写成诗的时候,我想我总结了我对哲学的态度。"[3] 1933 年左右他这样写道。这是他一生所奉行的哲学写作的态度。就《逻辑哲学论》的写作而言,这种态度特别极端。因为在这本书中,维特根斯坦试图消除任何冗赘以便把文章浓缩为赤裸的简洁。《逻辑哲学论》的许多命题都展示出准确的口头宣言的特性。正如他后来的自我批评所承认的,"《逻辑哲学论》中的每一个句子都应该看作需要进一步展开的一章的标题"[4]。维特根斯坦对学术读者不感兴趣,而是想要接近一种晶体般的美。我们在罗素早期的一篇报告中看到对这种自律的审美要求的证实:

---

[1] L. Wittgenstein, *The Big Typescript: TS 213* (Oxford, 2005), p. 302e.

[2] L. Wittgenstein, *Culture and Value* (Oxford, 1980), p. 39e.

[3] 同上,p. 24e。

[4] R. Rhees, ed., *Recollections of Wittgenstein* (Oxford, 1984), p. 159.

四 逻辑与神秘主义:《逻辑哲学论》

我告诉他不应该仅仅陈述他认为真的东西,而是论证之,但他说论证毁坏了美,他会感到自己用泥泞的手弄脏了花。我对他说我没有心情反驳他,他最好找一个奴隶来论证。我真的担心没有人会理解他所写的东西,因为他不提倡通过论证提出一个不同的观点。[1]

那么,《逻辑哲学论》的内容是什么?一个详细的回答将会写成一部专著,但该书总的理念并不是很难把握的。《逻辑哲学论》是一部雄心勃勃的书。其要旨是要明确叙述哲学的本质,对哲学问题予以终极解答。它特别提供了关于语言(逻辑)的本质、世界(本体论)及其关系(意图性)的叙述。它也试图澄清数学和科学理论的状况,把唯我主义与现实主义相调和,抛弃怀疑主义,确定美学、伦理学和神秘主义的本质。

《逻辑哲学论》对语言的描述是该书的核心,以本体论作为其形而上支柱。维特根斯坦的形而上学与罗素的一样,是原子论。世界由不能进一步分解的基本的、简单的元素构

---

[1] 1912 年 5 月 27 日给奥特莱纳·莫雷尔夫人的信: R. Monk, *Ludwig Wittgenstein: The Duty of Genius* (London, 1990), p. 54。

成。这些元素并不是物理学家所说的原子,而是比原子更为抽象的东西。用维特根斯坦的话说,它们是所谓的原子或元素性事实(elementary facts)。比如,扫帚立在角落里,这是一个事实。然而,这个事实并不是元素的,而是合成的。也就是说,它可以进一步分解为扫帚把和扫帚头以相互间的某种空间关系站立着的事实,以及扫帚把和扫帚头在与角落的某种空间关系中站立着的事实等。那么,什么才是元素性事实呢?维特根斯坦并没有说明,因为他此时的任务完全是纲领性的。他对我们所说的一切,只是每一个元素性事实都不能进一步分解了,并获得了与其他任何事实相独立的地位。

因此,维特根斯坦的原子主义的一个面相是事实,另一个面相是物体。毕竟,构成一个事实的是以某种方式相互关联的物体,比如,扫帚把和扫帚头。正如这本书中讨论元素性事实一样,他的许多著述中也讨论原子性物体,即不能进一步分解的物体。除了一些不确定的例子外,如视野中最小的可见场所,维特根斯坦并没有指明这些原子性物体究竟是什么。我们再次看到他仅仅就此进行了一般描述:比如,一个元素性事实包括一些原子物体,它们以某种方式相互关联着;或者,普通的物质性物体不是原子性物体,但却是由原子性物体构成的。当然,事实发生和消失,但原子性物体保

四 逻辑与神秘主义:《逻辑哲学论》

持不变。它们能以各种不同事实发生,但它们是不灭的,因为它们不能进一步被分解。它们就是维特根斯坦所说的"世界的本质"——每一个存在的物都包含着这个本质。每一个原子性物体都含有形而上的本质。这个形而上的本质是什么呢?它是所有可能发生的事实的总和。这听起来有些神秘,而实际上却不然。比如,扫帚把的形而上本质(为了便于说明,我们假定这是一个原子性物体)就包含着它可能作为其一部分的全部可能的事实。它是扫帚把之本质的一部分,不仅仅由于它插进扫帚头里,(而事实确是如此)也因为它可以放在扫帚头的左边、右边或上边等。所有这些可能性都已经嵌入扫帚把的内在本质之中,因此完全确定了扫帚把的性质。假如我们有一个世界上所有物体的名单,那样的话,我们就能确定任何可能的世界进程,也就是每一个可能的事实,每一个可能成为事实的物体,也即所有可能的世界。在这个晶体的、运动的世界上,任何可能性都不是令人惊奇的。

维特根斯坦开始时给这部著作的工作标题是"Der Satz"("命题"或"句子"),显然证明了占据该书中央舞台的所有命题的性质。维特根斯坦聚焦于命题,也即"罗纳尔多(Ronaldo)是足球运动员"或"月球距地球二十三万九千英里"这样的陈述句,这些句子不是任意的。语言的主要功能是描述世界，而命题是交流的最小单位。他的命题理论包括两个方面：第一个可以概括为"逻辑原子主义"。原子主义就如同其适合于事实一样适合于命题。有复杂的命题，比如，"罗纳尔多是巴西足球运动员而马拉多纳（Maradona）是阿根廷足球运动员"，这个命题中包含元素性（或原子）命题，在这个句子中就是"罗纳尔多是巴西足球运动员"和"马拉多纳是阿根廷足球运动员"。元素性命题是基本的正如元素性事实是基本的一样：它们或真或假，无论其他元素性命题是真是假。然而，刚刚提到的句子仅仅是例示，并不是真的元素性命题。那么什么才是真的例子呢？维特根斯坦还是没有告诉我们，因为他的方法纯属纲领性的。

其理论的第二个方面可以概括为"命题的图画理论"。命题是图画。每一个命题都是对一个可能的事实的描绘。描述命题是什么，是什么给命题以意义，它又如何描绘一个事实，这对于理解任何一种关于世界的话语，尤其是科学话语何以变成可能，是至关重要的。据说维特根斯坦在报纸上读到一场巴黎审判的报道时曾想过图画理论，在审判中，玩具被用来描绘一次车祸。比如，你可以用蓝色玩具车描述一辆真实的蓝色车，用一辆红色玩具车描述真实的红色车。此外，你可以在报纸上画一个交叉路口，然后把玩具车放在各

四 逻辑与神秘主义:《逻辑哲学论》

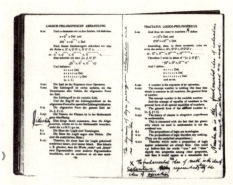

维特根斯坦《逻辑哲学论》的注释双语版

自的位置上,就像真实的车所处的相互关系之中一样。维特根斯坦认为这是一切图画的本质,也是一切语言图画尤其是命题的本质。一幅图的各个元素代表它们所描绘的物体,这些元素在图中排列的方式反映所描绘的事实。同样,一个命题的各个元素,即词,代表它们所描绘的物体。如果命题包含的表达以相同于它们所代表的物体的排列方式排列,那命题就是真的。用一个非常简化的例子来说:"罗纳尔多站在马拉多纳的左边",如果所描述的场面中罗纳尔多站在马拉多纳的左边,那么这个命题就是真的,因为"罗纳尔多"这个名字也在"马拉多纳"这个名字的左边。语言与现实之间的关联就通过私下的精神活动得以确立起来,并通过一个特定的物体 w 表达出来，w 就是代表的意思。按此理解，每一个词的意思就是它所代表的物体，因此每一个词就是一个物体的名称。如果一个词并不代表一个物体，它就是毫无意义的。我们可以总结说，命题由名称构成，如果一个命题包含至少一个无意义的词，那么，这个命题也就是无意义的了。这就是我们把图画理论视觉化的方式：

语言		世界
真实命题	描述	事实
包含		包含物体的
名称	代表	组态

我们看到，语言和世界是密切相关的。命题应当仅仅包含名称。这听起来并不非常合理，因为有许许多多命题根本就不包含名称。比如，"天在下雨"或"所有猴子都睡觉太多"。但这对维特根斯坦来说并不是问题，对于他来说是如此，对于罗素来说也是如此，语言的真正结构不能脱离我们

四 逻辑与神秘主义:《逻辑哲学论》

通常说出的普通句子的表层。要发现命题的真正结构,我们必须进行逻辑分析。一切语言都具有相同的深层结构,我们可以用形式逻辑来揭开这些深层结构。这一思想不仅成为分析哲学的主导,而且也是语言学的主导,比如第二次世界大战后它就经由诺姆·乔姆斯基(Noam Chomsky)的转换生成语法而成为语言学的主导。

维特根斯坦的理论还有另一个重要的方面。由于命题是一幅图,其意义就在于描述了一个可能的事实。事实不必非得获得,而只是一种可能。如果一个事实要获得,那就有理由假定它可能没有获得,而如果它的确获得,那也有理由假定它可能会获得。比如,如果这张桌子是褐色的,它也可能是绿色的,这种可能性也是合理的。实际上,如果"这张桌子是褐色的"这个命题要有意义、有意思,它就必须是合理的。简言之,一个命题只有在描述一个事实,而这个事实又可能是相反的事实时,它才是有意义的,只有在这个命题能够是真,同时也能够是假时,它才有意义。(这一规则的唯一例外是逻辑命题,也就是像"天要么在下雨要么没下雨"这样的复言命题,因为这样的命题必定为真,原则上不可能为假。)

维特根斯坦命题理论的这个方面产生了戏剧性后果,主要是对他自己的理论产生了后果。因为这意味着试图描绘某一非偶然性事实的一个命题，比如一个"形而上事实"，这个命题就不可能是反面的，因此它就是无意义的。任何无法构想其反面的命题都属于这种类型。以"红是一种颜色"这样的陈述为例。"红"能不是颜色吗？这是什么意思？我们怎样才能发现"红"不是颜色？这似乎是绝对不可能的。或者以"这张桌子是一件物体"为例。这样的句子只是看起来像一个真实命题，但实际上是伪命题。由此推知，传统哲学的所有形而上命题，比如斯宾诺莎关于上帝与自然同一的理论，或叔本华关于世界是意志之产物的主张，就都是毫无意义的。同样，罗素为了证明其逻辑而需要的关于世界本质的陈述，就被证明也是没有意义的。最后，但同样重要的，是《逻辑哲学论》自己的命题，现在证明全都是没有意义的，实际上纯属无稽之谈！它们难道不是要描述语言和世界的不可改变的形而上本质吗？这实际上就是它们努力要做的。以《逻辑哲学论》的第一个命题"世界就是所发生的一切"为例，并假定它是真命题。根据图画理论，如果这个命题有意义，它就必须描述一个偶然的事实。它至少应该是可以合理地想象一个并不是所发生的一切的世界。但这恰恰是不可能的，因为这个命题确实要描述世界的一种非偶然的、本质的属性。因此，《逻辑哲学论》的本体论命题都证明是无意义的

四 逻辑与神秘主义:《逻辑哲学论》

(非:伪)。该书的语义理论也好不到哪儿去。以"一个命题是现实的一幅图画"(《逻辑哲学论》4.01)这个命题为例。它描述的是能够成为其反面的偶然性事实吗?当然不是。至少根据《逻辑哲学论》它不是。它反倒描述了任何命题的一个本质特征,任何一个命题都不可能缺少这个特征而不变得毫无意义。因此,4.01 命题落入了它自己的无意义判断:它不能描述一个偶然性的事实,因此是无意义的。书中大部分其他命题也都如此。它们想要说的东西都是无法用语言表达的。它们都是伪命题。正如《逻辑哲学论》的早期评论者之一、后来成为维特根斯坦的朋友的弗兰克·拉姆齐(Frank Ramsey, 1903—1930)所说,"我们不能说的,我们就不能说,我们也不能打口哨"(幽默地暗示维特根斯坦能用口哨吹出任何曲调的卓越才能)。

维特根斯坦自己走出了这个绝境,把所能说的,即关于世界的偶然性事实,科学研究的主题,与所不能说的,但却能自行显现的,也即语言和世界的形而上本质,区别开来。这就是对说话与展示之间著名的区别的实际证明。据此推知则没有哲学命题,没有可以表达的哲学主张。一切深层真理都只能展示。哲学不是一门科学,不与科学相竞争,它提供关于世界的学说和假设,无论经验上通过先验的理性可以证

维特根斯坦

维特根斯坦给英文版《逻辑哲学论》的打印稿做的注解

明与否。它并不为人类知识的总和添加什么。哲学是一门自治的学科,"高于或低于自然科学,但不与自然科学相媲美"(《逻辑哲学论》4.111)。哲学是一种活动,最大程度上的一种批评活动,也就是用逻辑分析澄清语言的问题。

> 哲学的正确方法实际有如下述:只说所能说的,即自然科学的命题——也即与哲学毫无关系的东西——那么,当有人想要说形而上的事情时,就向他表明他并没有赋予他命题中的符号以意义。尽管这不会令他满

四 逻辑与神秘主义:《逻辑哲学论》

意——他不会感到我们在教他哲学——这个方法也是唯一的严格正确的方法。(《逻辑哲学论》6.53)

这里暗示的哲学概念在当时是激进的和全新的。它标志着后来人们所知的语言学转向,一种范式的转变,维特根斯坦以为这个转向终于给哲学提供了哲学家们始终在寻找的宗教研究方法。与他的前辈不同,维特根斯坦看到这个方法中包含着对语言的分析,而不是对世界的分析。未来哲学的唯一任务就是探测出意义的边界,以便把科学从形而上学的无意义表达中解放出来,也就是要解释在包含哲理意义的句子中隐含的逻辑形式。这一语言转向的某些方面也在罗素和弗雷格的著作中得以阐述,但真正清楚地昭示这一范式转变的乃是《逻辑哲学论》。20世纪70年代之前,这个范式在哲学中始终影响非凡,至少在英语界。

《逻辑哲学论》中讨论的哲学可视为保卫科学而抵制形而上学。然而,该书本身却是高度形而上的,实际上是神秘主义的。它用科学方法把真正可说的与不可说的区别开来,但不可说的并非就是一种妄想。的确存在着深层的形而上真理,尽管它们是严格的不可表达的,而只能展示的,实际上是只能感觉得到的。在令人联想到某种神秘性的句子中,维特根斯坦写道:"从永恒的角度看世界就是将世界视为一个整体——一个有限的整体。感觉世界是一个有限的整体——这才是神秘的。"(《逻辑哲学论》6.45)语言分析并不是否认这些真理,而是要为它们寻找空间,也就是为形而上学、伦理学、美学、上帝,简言之,为维特根斯坦标示为"高级"的一切领域寻找空间。我们的确在《逻辑哲学论》的结尾发现了关于"高级"的论述。比如,我们只能谈论在世界之中的事物,2006年的世界杯、股票市场、"9·11"、气候变化、社会政策、分子遗传学、太阳系等。但是,"事物何以在世界之中是与高级事物毫不相关的一件事。上帝并不在世界中显现"(《逻辑哲学论》6.432)。在这个语境中,维特根斯坦提出了他关于伦理学的一些看法,以及1916年他在战壕里书写的生命的意义。生命的意义,即伦理学的基本主题,从根本上是超验的、无法表达的。最重要的事物是不可言表的。"我们感到甚至在所有可能的科学问题都得到了回答的时候,生命的问题仍然完全没有触及。当然在那时也就没有什么遗留问题了,而这本身就是回答。"(《逻辑哲学论》6.52)"的确存在着无法用词语来表达的事物。它们自身显现。它们是神秘的。"(《逻辑哲学论》6.522)于是就有了那句名言,我们所不能言说的,就保持沉默。颇具讽刺

四 逻辑与神秘主义:《逻辑哲学论》

意味的是,正是这句话和前述的伦理观点衍生出大量的次要文献。但是,如果我们要认真对待维特根斯坦,所说的沉默就应该意味着沉默。如在 1919 年 10 月维特根斯坦给路德维希·冯·菲克尔的信中所说:

> 该书的要点是伦理的……我想要写的是,我的书有两部分:一个书中已写的部分,另一部分就是没有写的一切。而重要的部分恰恰是这第二部分:因为伦理的问题被我的书界定在内部了;我相信,严格地说,它也只能以这种方式界定。简单说,我以为:许多人不厌其烦地说出的一切,在我的书中我都用沉默待之。[1]

当然,维特根斯坦是在夸大该书的伦理部分,因为其主要焦点实际上是逻辑和形而上学,而不是伦理学。毕竟,从他所用六年的时间来看,只有几个月是用于伦理问题的。也许他的夸大是由于这样一个事实,即他的对话者不是一个哲学家,而是一个文学出版者,实际上是维特根斯坦尽力要说服来出版这本书的人。我们甚至可以认为,

---

[1] Monk, *Ludwig Wittgenstein*, p. 178.

该书的伦理学结尾是寄生于讨论逻辑问题的主体之上的,因为他在主体部分讨论了言说与展示之间的区别,然后在论伦理学的段落中使用了这个区别。实际上,在他同年写给另一位非常不同的对话者的信中,也就是在给罗素的信中,他强调指出该书的主体:

> 是讨论可以用命题来表达的东西,也就是可以用语言来表达的东西——(也同样是可以思考的东西),和不能用命题来表达而只能展示(gezeigt)的东西,而这,我相信,才是哲学的主要问题。[1]

最后,即使没有伦理学部分,我们也能很好地理解逻辑部分,但反之亦然。维特根斯坦的著作实际上从逻辑基础扩展到世界的本质,进而扩展到神秘主义,但只能是以这个顺序。

---

[1] 1919 年 8 月 19 日给罗素的信:L. Wittgenstein, *Cambridge Letters*, ed. B. McGuiness and G. H. Wright (Oxford, 1995)。

五 乡村岁月：1918—1929

《逻辑哲学论》是一部高度原创作品，无论内容还是形式均如此，作者本人深知这一点。当1918年夏完成手稿时，维特根斯坦将其交给约荷达（Jahoda）和西格尔（Siegel），即克劳斯的杂志《火炬》的两位维也纳出版人，但遭到拒绝。接着便是一系列与几个出版商之间的令人失望的协商，包括维也纳曾经出版过魏宁格作品的布劳米勒（Braumüller），出版过里尔克作品的德国出版商因岛屿出版社（Insel Verlag），以及菲克尔的杂志《燃烧》（*Der Brenner*）。他甚至联系了一家现已被遗忘的哲学杂志社，但当杂志社让他将文本改成较传统的格式时，维特根斯坦撤回了手稿。在这些协商中，他得到罗素、弗雷格和里尔克等人的支持，但毫无结果。该书的价值是出版商所不懂的，他们认为出版一位毫不知名的作者的作品太冒险。比如，布劳米勒答应出版《逻辑哲学论》，条件是自己出纸张和印刷费用。维特根斯坦拒绝了，说：

> 我以为，从社会观点来看，以这种方式强行把一本书推向社会（出版商也是社会的一分子）是不体面的做法。我的工作是写这本书：其在世界中的接受必须通过正常的方式。[1]

在这件事上他遇到的困难是他最感到痛心的。"我也不知道谁会接受我的书了。要是不活在这个肮脏的世界上就好了！"他写信给菲克尔说。该书的内容被证明是不仅无法言说，甚至是无法印刷的。1920年，在遭到另一次拒绝之后，他变得如此幻灭以至于写信给罗素说他要放弃了，他把手稿交给罗素，让他愿意怎么处置就怎么处置。罗素派他的一个前学生，数学家多萝西·林奇（Dorothy Wrinch）负责该书的出版。在遭到另一次拒绝（这次是剑桥大学出版社）后，她去找了几家德国杂志社，最后《自然哲学年鉴》（*Annalen der Naturphilosophie*）给予了特别肯定的答复，现在这家杂

---

[1] 1919 年 10 月给冯·菲克尔的信：B. McGuinness, *Young Ludwig: Wittgenstein's Life, 1889-1921* (Oxford, 2005), p. 287。

五 乡村岁月：1918—1929

志主要是因为第一次发表了《逻辑哲学论》才为人们所记得。如杂志的编辑清楚地向林奇所说的，之所以接受这部手稿只是因为罗素为其撰写了冗长而充满同情心的前言，不管怎么说，罗素在当时是一位名人。就这样，《逻辑哲学论》最终于1921年出版了前半部分，三年后全书出版。颇具讽刺意味的是，《自然哲学年鉴》停止了《逻辑哲学论》的刊载，好像是为了该书最后一个命题的观点。维特根斯坦没有接到校样，否定了这个第一版，称其为盗版，因为许多逻辑符号都印错了。1922年，他所接受的《逻辑哲学论》版本问世，这次是由劳特利奇（Routledge）与基根·保罗（Kegan Paul）出版社出版的，除了德文原文外还配有英文译文。经维特根斯坦亲自校读和修正的英文版出自C. K. 奥格登（C. K. Ogden）之译笔，他是语言学家，助手是弗兰克·拉姆齐，也是那一代人中最有前途的英国哲学家之一。

虽然有这些不尽如人意之处，出版事宜也不过是维特根斯坦在战后遇到的诸多难事之一。战后，他不知为什么就进了科莫（Como）附近的意大利战俘营，八个月之后，于1919年1月被转移到卡西诺（Cassino）战俘营。当然，战俘营里的状况非常不同于战壕里的情形。这里有足够的闲暇时间，战俘们会组织音乐会、讲座、讨论，甚至艺术展。

维特根斯坦参与这些战俘营的活动,结交好友,包括雕塑家迈克尔·德罗比尔(Michael Drobil)、作家弗兰克·帕拉克(Frank Parak)和教师路德维希·汉塞尔(Ludwig Hansel)。维特根斯坦与汉塞尔讨论逻辑,阅读康德的《纯粹理性批判》(*Critique of Pure Reason*),他们是终生好友。帕拉克向我们提供了维特根斯坦在战俘营中的生活点滴:

> 他脸很瘦,面相高贵,中等个头……他的真正惊人之处是他说话的方式:传达出一种非凡的确定性。他的头部运动也很特别:通常是低着的,但时不时地会向后仰起,目光直视远方。[1]

这些友谊使维特根斯坦想起在奥尔米茨的时光,为他提供了缓解战时紧张的轻松氛围,但并没有使他摆脱内心的紧张和冲突,这已不再为战时更大的危险所掩盖了。实际上,在近期经历的压力之下,他甚至已经没有能力过正常的生活了。与目睹"大战"灾难的那一代人并无不同,他所能感到的只是更大的紧张,适应平民生活对他来说是痛苦的。几年

---

[1] B. McGuinness, *Young Ludwig*.

五 乡村岁月：1918—1929

的军队生活已经改变了他，唤起了他的一种宗教觉醒，以及想要像托尔斯泰那样过一种投身于普通人的生活。他现在生活简朴，而且这一点他坚持到生命的终点。他尽可能穿着朴素，常常身穿老旧军装，完全抛弃了战前富家子弟的角色。他看不到自己在他出身的高雅社会里有什么用。他自信解决了哲学上的许多问题，所以学术生涯的平庸对于他没有任何吸引力。1919年8月从战俘营中出来之后，他决定把父亲给他留下的财产均分给哥哥和姐妹们。这使他的财政顾问很恼火，认为这是自杀行为。据帕拉克所说，他曾考虑过当牧师。[1] 但不久他就不能接受制度化的宗教的各种妥协。最后他决定当一名教师，这样就可以"和孩子们一起读福音书"了。[2] 家人不赞成这个决定，感到路德维希为一个普通职业而浪费了天才——我们可以感到父亲卡尔该会多么不高兴，如果他还活着的话。如赫米内所说：这就好像一个人用一个精准的工具去打开一个行李箱！但维特根斯坦感到家人没有理解他，如他回答赫米内时所用的一个惊人明喻所示："你让我想起一个人，他向窗外望去，但不理解外面一个过路人

---

[1]　B. McGuinness, *Young Ludwig*.
[2]　同上，p. 274。

的奇怪举动。他不知道外面有猛烈的暴风雨，也不明白另一个人仅仅站在暴风雨里该有多么困难。"[1]

于是，1919 年 9 月，他去维也纳一所师范学院学习，1920 年 7 月学业完成后，罗素战前曾经指望哲学界下一个能有重大创举的人，竟然成了一名有证书的教师。课程本身很容易。就教育背景而言，他受到老师们的尊重，没有上那么多的学术课。但是，再次坐在学校教室里的经历实际上是件令人感到耻辱的事。"板凳上坐的都是十七八岁的孩子们，而我已经三十多岁了。这引发出一些非常有趣的情形——许多还非常令人不快！我常常感到痛苦。"[2] 如在林茨或在大波兰省（Goplana）一样，他再次感到被摈弃，尽管这次是他自找的。

这个时期总体来说是大沮丧时期，使得他再次考虑自杀的问题。他感到不适，处于一种"可怕的心理状态"，"没有信仰"，如在给保罗·恩格尔曼的信中所说：

> 我又一次感到把自己掏空了；最近我度过了最痛苦

---

[1]　B. McGuinness, *Young Ludwig*, p. 280.

[2]　1919 年 10 月 6 日给罗素的信：L. Wittgenstein, *Cambridge Letters*, ed. B. McGuiness and G. H. Wright (Oxford, 1995)。

五 乡村岁月：1918—1929

的时期。当然，仅仅是我自己堕落腐朽的结果。我不断地想要结束我的生命。有时这个想法仍然萦绕心头。我已经跌到了谷底。希望你永远不要有这样的经历。[1]

他为什么如此看轻自己，即便考虑到他在学校感到的耻辱以及出版《逻辑哲学论》的困难，原因依然不得而知。[2] 此外还有来自家庭的压力，他想要脱离家里的贵族住宅，搬进公寓，而更重要的是感到自己的哲学著作不被任何人理解。他曾把书寄给弗雷格和罗素，在他眼里这是两位最有能力的哲学家。弗雷格寄给他一些评语，让他澄清《逻辑哲学论》开篇涉及的几个问题。维特根斯坦对此感到非常失望，认为弗雷格没有理解该书的深义。出于同样的原因，他也对罗素的反馈不满。罗素对该书非常感兴趣，同意在1919年圣诞假期期间与维特根斯坦在海牙会面，让他解释该书给他

---

[1] 1920 年 5 月 30 日给恩格尔曼的信，P. Engelmann, *Letters from Ludwig Wittgenstein with a Memoir*(Oxford, 1967)。

[2] W. W. 巴特利三世（W. W. Bartley III）曾说维特根斯坦如此低落，是因为他无法躲开城市公园里年轻的同性恋者经常出没的那个地区。巴特利没有提出任何证据来证明这个断言，见 Bartley, *Wittgenstein* (La Salle, IL, 1986), 关于批评讨论，见 R. Monk, *Ludwig Wittgenstein: The Duty of Genius* (London,1990), pp. 581ff。

听。由于维特根斯坦此时没有钱,需要筹款进行这次旅行,所以请罗素把他在剑桥的物品卖掉,包括 1913 年他购买的昂贵的家具,这次交易大大有益于罗素的财政收入。维特根斯坦还请罗素把他在剑桥的日记和手稿全部烧掉。会面不久,罗素为《逻辑哲学论》撰写了前言,但维特根斯坦对这位前导师明显地缺乏理解感到失望,以至于决定不出版该书,以免与这样的前言一起出现。幸运的是,罗素没有在意这一拒绝,继续为《逻辑哲学论》寻找出版商,最终成功了。

在这些内心恶魔的折磨之下,维特根斯坦最终于 1920 年夏逃离城市,在维也纳郊外的克洛斯特新堡(Klosterneuburg)修道院当了园丁。说这次逃离是一次治疗似乎离题太远,但也的确对他破碎的灵魂产生了缓解效果。园艺的工作是纯粹简单的劳动,但却足以阻止他落入越来越恐怖的内心深渊。他之所以如此沮丧的一个特殊原因见于他给罗素的信:"我每天都思念平森特,他带走了我的一半生命。魔鬼将拿走另一半。"[1]

1920 年 9 月,维特根斯坦有机会去维也纳附近一个富裕

---

[1] 1920 年 8 月 6 日给罗素的信:Wittgenstein, *Cambridge Letters*。

五　乡村岁月：1918—1929

退伍军人：战后初年的维特根斯坦

的小镇上当教师，他拒绝了，因为镇子上有"一个带喷泉的公园"，在他看来那并非真正的乡村。相反，他在奥地利低地山区的特拉腾巴赫（Trattenbach）定居下来，那是一个偏远贫穷的村子。人们会以为他现在有机会实现他的托尔斯泰式理想了，因此会很幸福。但是，在奥地利六年担任教师的经历（1920—1926）总体来说并没有让他快乐和自我实现。部分由于托尔斯泰要服务于所谓普通人的浪漫主义理想并不是构想完好的，这个理想曾经吸引了许多现代知识分子，维特根斯坦也不例外。此外，他的朋友汉塞尔鼓励他参加改良学校运动,这是战后的奥地利正在形成的一场广泛的社会改良。维特根斯坦虽然不是明显支持这场运动(比如,不同于哲学家和他后来的对手卡尔·波佩尔 [Karl Popper],大约同一时期他也在奥地利当教师),但他不反对这次运动对新的教学方法的侧重,尤其是侧重通过行动来学习,而不是通过句法练习来学习。维特根斯坦意在通过教普通人数学、德国经典和《圣经》来"改善"他们,这可能是一个太过理想的做法,忽视了乡村人的真实生活需要。从一开始就注定这次实验失败的其他障碍是维特根斯坦易怒的性格和贵族出身。他很快就遭到了他身处其中的农民社会的反抗,这个社会回报给他的是不满。

然而,开始时维特根斯坦却非常高兴地住进了新家,说它美丽、小巧。他写信给当时正在中国讲学的罗素:"对于特拉腾巴赫的教师来说这一定是第一次写信给在北京的一位哲学家。"[1] 诸如汉塞尔、德罗比尔和阿尔维德·肖格伦(Arvid Sjögren)等朋友都于周末来看望他,帮助增进他情绪的改善。他还与当地牧师阿洛伊斯·纽厄雷(Alois Neururer)交了朋友,他给纽厄雷大声朗读陀思妥耶夫斯基的《卡拉马

---

[1] 1920年9月20日给罗素的信:Wittgenstein, *Cambridge Letters*。

五 乡村岁月：1918—1929

佐夫兄弟》。至于学生，他设法让他们着迷，至少开始时是如此。他的教学方法是非传统的，他不是强迫他们死记硬背，而是努力让他们对问题感兴趣，触动他们自己寻找问题的正确答案。他能够利用各种手法让他们亲手建造一个蒸汽机或一座塔，画行动的人像，组装一只猫的骨架，在去维也纳城里时识别一些建筑的建筑风格，等等，这些是他的最大成功。姐姐赫米内目睹过教学中的维特根斯坦：

> 他所唤起的兴趣是巨大的。甚至不聪明的、通常不听课的男孩子们都能回答得惊人地正确，他们争前恐后渴望得到机会回答问题，或解释一个观点。[1]

在一种意义上，他的工程学技术甚至帮助他赢得了村民们的承认。这是在几位工程师接连失败之后，维特根斯坦设法修复了当地纺织厂的发动机，他指挥四个工人用锤子敲打发动机的一个特殊部位，并用一种只有他自己才懂的命令指挥他们。这件事成了特拉腾巴赫的传奇，被誉为"奇迹"。

然而，不幸的是，这些成功并不足以赢得村民们的信

---

[1] Monk, *Ludwig Wittgenstein*, p. 194.

任。他被视为笨拙的怪人，经常有维也纳富人来访的"富有的男爵"，他们不明白他为什么要住在他们这个村子里。当维特根斯坦开始在教学上露出马脚时，舆论便越来越糟。他对学生要求高，对那些聪明的孩子毫不吝啬时间和精力。对于那些敬重他的最好的学生，他甚至给他们开小灶，但他对较差的学生则没有耐心。由于易怒，并相信体罚的效果，他常常惩罚调皮的学生，也经常由于他认为学生蠢笨而惩罚他们，尤其是当这些学生是女生、不能听懂他的最爱——数学课的时候，而这恰好与改良运动的学说唱反调。他不仅每天都教两节数学课，而且还超出了教学大纲的要求。[1] 学生们不久就开始怕他，家长们不喜欢他，同事们也不赞同他。下面是一个受害者的回忆：

> 在算术课上，我们上过代数课的人都得坐在前排。一天，我和朋友安娜·沃尔克尔（Anna Völkerer）决定不回答任何问题。维特根斯坦问道："你们懂吗？"对于三乘六这个问题，安娜说："我不懂。"他问我一公里有多少米，我什么都没说，就被打了一记耳光。后来维特

---

[1] Monk, *Ludwig Wittgenstein*, p. 196.

五 乡村岁月：1918—1929

根斯坦说："如果你不懂，我就从学校的小班里挑出一个懂的。"课后，维特根斯坦把我带到办公室，问："是你不想回答，还是你不懂？"我说："我想要回答。"维特根斯坦对我说："你是个好学生，但对数学……或者你病了吗？你头痛吗？"我回答说："是的，我病了。""那么，"维特根斯坦说："请你，请你，布伦纳（Brenner），你能原谅我吗？"说话时他举起手来祈祷。我马上为我的谎言感到莫大的耻辱。[1]

类似的事情也有发生。维特根斯坦有时后悔发脾气，甚至有一次他去了学生宿舍请求原谅。但在这种情况下人们无法真的为维特根斯坦感到遗憾。他让学生由于未能掌握他那高贵的原理而承受痛苦，而这些原理在他们的社会环境中却毫无用处。他为自己的失败感到悲哀，但他的反思却没有导向唯一可接受的结论：改变教学方法，实际上是改变他整个的教学态度。相反，他反倒把这个新职业的失败看作村民们的原始无知，而同样重要的是，他也将其视为他长期的道德缺陷。1921年年初，他写信给恩格尔曼说：

---

[1] Monk, *Ludwig Wittgenstein*, pp. 195-196.

> 我在道德上已经死了一年多了！……我是今天并不罕见的那些例子的其中之一：我有一个任务没有去完成，而现在失败在毁灭我的生活。我应该做一些有益于生活的事，成为天上的一颗星。我反倒深陷泥潭，现在我在逐渐逝去。我的生活真的变得毫无意义了，它仅仅是一些无益的插曲。我身边的人并没有注意到这一点，也不会明白；但我知道我有一个基本的缺陷。[1]

1921年暑假，维特根斯坦与阿尔维德·肖格伦一起在挪威度过，最后看了一眼他1913年在那儿建造的房子。他同伴的家人与维特根斯坦家人都是好友。路德维希教学期间就住在维也纳的肖格伦家里。阿尔维德，也就是维特根斯坦的侄女克拉拉（Clara）未来的丈夫，是位身材高大、声音粗哑的年轻人。他把维特根斯坦视为导师，听从后者的建议当了一名机械工，而没有上大学。维特根斯坦后来也曾几次给出类似的、并非没有问题的建议。如雷·蒙克所说，阿尔维德是维特根斯坦的第一个弟子，后来陆续还

---

[1] 1921年1月2日给恩格尔曼的信：Engelmann, *Letters*。

五 乡村岁月：1918—1929

有许多。[1]

第二年，维特根斯坦回到特拉腾巴赫，但由于困难越来越多，一年后，也就是 1922 年 9 月，他转到另一个叫哈斯巴赫（Hassbach）的村子里的中学。然而，他不喜欢新的环境，发现同事们都虚情假意，说他们"根本不是人类，而是恶心的蠕虫"，让他难以忍受。11 月，他又转到另一个村子，位于山区的普赫贝格（Puchberg）。虽然他现在的生活远离哲学，但在这一年中他用大量时间修改《逻辑哲学论》的英文版。

1922 年他与罗素的友谊最后决裂。他们决定于 8 月在因斯布鲁克见面，由于奥地利通货膨胀导致游客泛滥，他们两人不得不同住一个大房间。罗素的妻子多拉（Dora）也陪同丈夫来到奥地利，她没有见到二人公开吵架，但裂痕已经很深了。罗素现在热衷于社会主义，是位顽固的无神论者和性自由主义者。而维特根斯坦则处于宗教信仰的巅峰，过着一种守身如玉、不问政治的生活。罗素此时已经放弃理论哲学，通过公开演讲和关于政治、伦理的著述转而成为著名的公共知识分子，现在仍然以此著称，他既为维特根斯坦的努

---

[1] 见 Monk, *Ludwig Wittgenstein*, p. 181。

教师与他的学生们:维特根斯坦与他的学生们在维也纳施内山(Schneeberg)附近的普赫贝格(Puchberg)

力所迷,又部分予以拒斥,维特根斯坦"诚心诚意地"让他相信"做个好人比做聪明人好"[1]。另一方面,维特根斯坦一定拒斥他所认为的罗素轻浮的生活方式。由于惊恐于战争的灾难,罗素认为要尽快地改变世界;而维特根斯坦则转向内在,试图从根本上改变自己。当普赫贝格当地的一位煤矿工人海因里希·波斯特尔(Heinrich Postl)表示要改善世界时,维特根斯坦回答说:"就改善你自己吧。要使世界变得更好,就只能这样做。"简言之,在关键的问题上,维特根

---

[1] B. Russell, *Autobiography* (London, 2000), p. 332.

五 乡村岁月：1918—1929

斯坦与罗素产生了分歧。究竟是罗素还是维特根斯坦先撕破脸皮，我们不得而知，尽管有证据表明是罗素，因为他此后再未回维特根斯坦的信。无论如何，不同的伦理观导致二者的分裂：他们再也没有以朋友名义相互交往，而只以同事的身份。多年后，有人说维特根斯坦对罗素的伦理著述，尤其是关于婚姻和自由恋爱的观点，给予了恰当的评价：

> 如果一个人告诉我他一直身处最糟糕的地方，我没有权利判断他；但如果他告诉我他去那里是因为他比别人都聪明，那我就知道他是个骗子。……罗素的书应该装订成两种颜色，红的处理数学逻辑——学哲学的学生都要读；蓝的处理伦理学和政治问题——不应允许任何人读这些书。[1]

维特根斯坦在普赫贝格住了两年，这与在特拉腾巴赫的时光相似，唯一不同的是在这里他与波斯特尔（Postl）和鲁道夫·科德（Rudolf Koder）交了朋友，科德是一位有才能

---

[1] R. Rhees, ed., *Ludwig Wittgenstein: Personal Recollections* (Oxford, 1981), pp. 127-128.

的钢琴家,他们一起演奏音乐,尤其是勃拉姆斯的作品。另一个颇受欢迎的插曲是1923年9月《逻辑哲学论》英文译者弗兰克·拉姆齐的到来。对维特根斯坦来说,不能有比这更融洽的讨论了。拉姆齐是剑桥最有能力的年轻哲学家和颇有见地的《逻辑哲学论》的批评家,即便有些苛刻。他在普赫贝格住了两个星期,每天与维特根斯坦一起用几个小时阅读和讨论《逻辑哲学论》。遵照这些讨论,维特根斯坦甚至对该书的德文版和英文版进行了几处修改。拉姆齐仰慕维特根斯坦。1924年他给母亲写信说:"我们的确生活在一个伟大的思想的年代,爱因斯坦、弗洛伊德和维特根斯坦都还健在,而且都在德国或奥地利,这都是文明的敌人!"从拉姆齐的观点看,如在其给凯因斯的信中所说,维特根斯坦的教师职业是"他精力和大脑的荒唐的浪费"。他和凯因斯一起努力说服维特根斯坦回到剑桥继续从事哲学研究。凯因斯主动提供旅途费用,而拉姆齐则要求维特根斯坦正式申请博士学位。但都是徒劳。

  他说他自己什么都不会做,不是因为他厌倦了,而是因为他的心智不再灵活了。他说没有人做哲学研究能超过五至十年。(他的书用了七年。)他肯定罗素再也做

五 乡村岁月：1918—1929

不出更重要的东西了。……他很穷。……他刚刚有一个小屋粉刷过，有一张床、洗脸盆、小桌子和硬板凳，那就是所能容纳的一切。他的晚餐，昨晚我与他共享过，只是相当不好吃的粗面包、奶油和可可。[1]

这种生活与维特根斯坦其他家人的生活差距是再大不过了，几个月后拉姆齐拜访了维特根斯坦的家人。在维也纳，拉姆齐目睹了维特根斯坦家族难以置信的富有。他参加了维特根斯坦的姐姐玛格丽特在家里即勋彭宫（Schönborn Palace）举办的派对。拉姆齐也看到了维特根斯坦家人的焦虑，他们都急于要把这位浪子从荒野中拯救回来，但这个愿望没有实现，因为维特根斯坦拒绝家人提供的任何帮助。由于对精神分析学感兴趣，拉姆齐尝试对维特根斯坦的心理状态进行解释："严格得可怕的家庭教育。三个哥哥自杀——父亲给他们的压力太大；家里八个孩子曾有一段时间用过二十六个家庭教师；而母亲又根本不理他们。"

---

[1] 1923年9月20日拉姆齐给母亲的信，转引自 Monk, *Ludwig Wittgenstein*, p. 216。

维特根斯坦的朋友、哲学家弗兰克·拉姆齐,不幸过早夭折

尽管维特根斯坦拒绝回剑桥,拉姆齐的来访恢复了他与英国的关系,最终使他于 1925 年去拜访了几位英国朋友。同时,他继续过着乡野生活。1924 年 9 月,他转到奥特尔塔尔(Otterthal)学校,这里距特拉腾巴赫很近,也同样穷。这些村子以及这个地区的首府基希贝格(Kirchberg)小镇现在都已成为圣地,来自世界各地的专家在这里云集,每年夏天他们在基希贝格举行哲学盛会。人们可以追溯维特根斯坦的足迹,顺着指定的路线行走,间或会看到引自《逻辑哲学论》的引语。有幸的话,你还能遇到仍然能记得维特根斯坦的老村民。无论如何,正是在这里,维特根斯坦于 1926 年 4 月以不光彩的方式结束了他的学校教学生涯。他再次不能

五 乡村岁月：1918—1929

自控，几次击打一个男孩的头。这个男孩身体虚弱，瘫倒在地。维特根斯坦惊慌之中叫了医生，匆忙地离开了学校。这个案子举行了听证会，显然是他自己要求的，但维特根斯坦被宣判无罪，部分是因为他就课堂上应用体罚的程度撒了谎。[1] 由于既丢了脸又受到了良心的谴责，维特根斯坦决定永远放弃教学。

有人推测，尽管结局令人遗憾，但维特根斯坦的教学经历对他的哲学发展具有重大意义。实际上，有人提出他作为教师的时光在《哲学研究》的每一页上都明显可见，[2] 然而，尽管在他后期著作中有些段落讨论婴儿语言习得问题，这种说法还是夸大了事实。尽管如此，他的教学经历把他的研究焦点从弗雷格和罗素研究语言的抽象和数理方法转向了语言的更加实际和应用的方面，因为显然这些都源自他的教学经历。保罗·恩格尔曼认为这一教学经验在维特根斯坦后期著述较少具有神秘性、比较讲究实际的风格上反映出来。

---

[1] 见 Monk, *Ludwig Wittgenstein*, p. 234。

[2] 见 e. g., E. C. Hargrove, "Wittgenstein, Bartley, and the Glöckel School Reform", *Journal of the History of Philosophy*, XVIII(1980), p. 461. 又见 Bartley, *Wittgenstein*。

当这个人，直到此前——尽管对生活的本质和人类有着精深的理解——始终令人胆寒地超凡脱俗、毫无希望地置身于人类社会之外，突然间直面严酷的现实时，他有幸直接接触到了儿童。[1]

这或许是真的，然而，他的教学经历还产生了一个实际可见的结果。由于希望改进学生的拼写，维特根斯坦考虑在课堂上用词典，但他发现市场上可用的词典都太贵。于是，他着手为学生写一本简短价廉的拼写词典，部分依据他为学生编撰的拼写条目。这部词典主要是迎合学生的需要，甚至反映出当地方言的一些特性。这被证明是非常有效的，很快就改善了学生的拼写能力。这是维特根斯坦有生之年发表的第二本也是最后一本书。[2] 这本四十页的词典于1926年问世，发行很好，但在商业上并不成功，因此没有重印。然而，这是维特根斯坦的一次了不起的尝试，证明无论哪个领域里的活动他都非常认真。最近有人说维特根斯坦患有诵读困难症，他在哲学方面的成就恰恰是对此残疾的弥补，这

---

[1] Engelmann, *Letters*, pp. 114-115.

[2] 与其他原创手稿和版本一样，这本词典在收藏家手里也是价值斐然。2005年，仅这部词典校样就价值七万五千英镑。

五　乡村岁月：1918—1929

种说法该有多么荒唐啊。[1]一个诵读困难者能够写出拼写词典吗？

作为教师的不成功令维特根斯坦极为沮丧，又一次使他感到无用武之地。他再次考虑出家的可能性，但被告知修道院的生活对于他并不是正确的选择。于是，他就在维也纳郊外的徐特尔多夫（Hütteldorf）为道士们做园丁，在那座修道院花园的一个小棚子里过了三个月几乎隐居的生活。虽然表面上隐居，但这个插曲标志着他已开始逐渐返回社会。1926年6月，他母亲于维也纳逝世。这一事件使他克服了与家人的疏远，这种疏远至少在1913年父亲去世时就开始了。[2]维特根斯坦现在开始积极参与家庭生活。此外，姐姐玛格丽特雇用保罗·恩格尔曼为她在维也纳的昆德曼巷（Kundmanngasse）设计和建造一座大宅，于是给维特根斯坦提供了完全参与社会的理想机会。由于对建筑的兴趣以及与恩格尔曼相同的建筑理念，维特根斯坦接受了参与项目的邀请。尽管恩格尔曼已经完成了该建筑的大部分设计，但维特根斯坦很快就主导了实际的建造进程，做了几处修改，尤其

---

[1]　见 J. Hintikka, *On Wittgenstein* (Belmont, CA, 2000)。

[2]　Monk, *Ludwig Wittgenstein*, p. 235.

是内部设计。

维特根斯坦非常认真地执行这项新任务,到 1928 年年末才结束。实际上,他视之为自己的新使命。虽然没有文凭,他却在市政指南上被列为职业建筑师,他的信纸信头上都印有"保罗·恩格尔曼与路德维希·维特根斯坦:建筑师"的字样。在维特根斯坦细心的监督下,门和门把都完全用金属制成,并且按房间各维度的数学关系精确设计。该设计还反映了维特根斯坦的隐居生活方式:灯泡毫无任何装饰地吊在天棚上,L 型的小散热器,用了一年时间才生产出来,装在不显眼的角落里,没有着色。每一件家具都是独具风格,严格区别于现代批量生产的。[1] 此外还有一些技术革新,比如一百五十公斤的金属屏风代替了帘幕,而且可以毫不费力地放到地面。维特根斯坦对细节如此着迷以至于在大家都以为建筑已经完成时,他还命令工人们把一个大房间的天花板再提高三十厘米,以满足他对理想比例的要求。一个工人问:"请告诉我,工程师先生,一毫米之差真的对你那么重要吗?"工程师先生如雷般吼道:"是的!"[2] 不必说,还有

---

[1] 有趣的是,许多公司都出售维特根斯坦设计的门把。
[2] Monk, *Ludwig Wittgenstein*, p. 236.

五 乡村岁月：1918—1929

许多其他场合他会使建筑工人们陷入绝望。

由于简朴而毫无外部装饰，这似乎明显是在严格遵循，实际上是激进地实现了洛斯反对任何装饰的理念。它也可与鲍豪斯（Bauhaus）建筑风格相媲美。然而，最近的阐释否认这座大宅具有洛斯或鲍豪斯风格：[1] 它不是按照鲍豪斯的功能主义原理建造的，而维特根斯坦一家，包括维特根斯坦本人，到20世纪20年代就与洛斯脱离了关系；这可以视作维特根斯坦自己的独特表白，体现了绝对精确的设计原则，因此也体现了《逻辑哲学论》的精神。赫米内·维特根斯坦欣赏该建筑的完美和丰碑性质，却无法亲身住在里面，说它是"体现逻辑的房子""为神建造的住所"。维特根斯坦把这种缺乏生活的特性看作一个瑕疵，后来他就这座房子写道：

> 在所有的伟大艺术中，有一只猛兽：被驯服的猛兽。但在门德尔松的艺术中没有。一切伟大的艺术都把原始的人类驱动力作为基调。它们不是美妙的旋律（如在瓦格纳的音乐中），但却是给旋律以深度和力量的东

---

[1] 见 B. Leitner, *The Wittgenstein House* (New York, 2000); H. Eakin, "In Vienna, a New View of Wittgenstein Home", *New York Times* (28 August 2003)。

维特根斯坦为姐姐玛格丽特设计的房宅,维也纳昆德曼巷

西。在这个意义上,你可以称门德尔松为"复制艺术家"。——在同一个意义上:我为格莱特尔(Gretl)建造的房子就无疑是敏感的听觉、优秀的姿态的产物,是(对一种文化的)深刻理解的表达。但却缺乏拼力要爆发出来的那种原始生命,那种野性生命。所以,你可以说,缺乏健康(克尔恺郭尔)。(暖房植物。)[1]

---

[1]　L. Wittgenstein, *Culture and Value* (Oxford, 1980), pp. 37e-38e.

五　乡村岁月：1918—1929

有释者声称，这幢建筑例示了《逻辑哲学论》的一些学说，如言说与展示的区别。如我们在当代导读中读到的，在建造这幢房子时，维特根斯坦"在可说与不可说之间划清了界限，也就是剥掉了古典建筑句法的一切修辞，将其带回到原点，在那里我们看到了'在永恒之下'的建筑"[1]。

然而，夸大维特根斯坦对该建筑的贡献是危险的。首先，建筑与哲学的平行研究已经太多了。维特根斯坦本人从未说过这种平行。其哲学著述与建筑风格之间审美形式的相似性来自同一个源泉，也即审美偏好，再没有别的了。根据"剥掉一切句法修辞"来解释《逻辑哲学论》的言说与展示之间的区别，这是虚假的。《逻辑哲学论》的风格的确看起来剥掉了修辞，但句法的理论却与修辞毫无关系。这是一个复杂的哲学学说，无论真假，都可以用其他方式表达。其次，维特根斯坦的文化模式不可低估。他后来不赞成洛斯，但不等于抛弃了洛斯的影响。魏宁格和克劳斯的影响也潜藏于背景之中。再次，恩格尔曼的贡献，也即他的最初计划，不应忽视。虽然恩格尔曼后来写道，他认为维特根斯坦是主

---

[1] "Architekturzentrum Wien", www.nextroom.at/building_article.php?building_id=2338&article_id=2967(accessed June 2006). 又见 Leitner, *The Wittgenstein House*。

要的设计师,但这一公开的谦虚反映出他对维特根斯坦的深切仰慕。最后,我们也听到了玛格丽特的声音,而且更有分量,仅就她潜在的传统倾向而言,她是与路德维希的朴素相抗衡的。这种传统倾向表现在她的选择上,即让她的大宅按照维特根斯坦宫的布局分配房间,有入口大厅,高档的家具,如地毯、帘幕、洛可可式椅子、雕像、中国陶瓷和植物等。[1]显然,除了这一处,姐弟之间并没有分歧。在去世前两年,维特根斯坦给姐姐写信说:"昨天我想到了……昆德曼巷的房子,你的家具真是让人喜悦,那么温馨。在这些事情上,我们是相互理解的。"[2]

第二次世界大战以后,这幢房子经历了一段波折,部分被苏维埃士兵毁坏,1945年他们将其用作兵营。20世纪70年代,就在要拆毁的最后一刻,它被拯救下来,成了民族遗产。1975年,保加利亚买下了它,将其改建成一个文化中心。今天,人们去那里参观,尽管原内部设施已经不见踪影了。颇具讽刺意味的是,它离更有名的百水公寓并不远,后

---

[1] 见 W. Wang, "The Wittgenstein House - Review", *Architectural Review* (September 2001); P. Wijdeveld, *Ludwig Wittgenstein, Architect* (London, 1994)。

[2] 1949年9月给玛格丽特的信:转引自 Wang, "The Wittgenstein House"。

五 乡村岁月：1918—1929

者的生物形态和花样设计与维特根斯坦的建筑形成了鲜明对比。百水公寓甚至拒绝直线，称直线为"魔鬼的工具"。维特根斯坦与百水公寓之间的碰撞能产生什么结果，我们不得而知。

房子建完之后不久，维特根斯坦与恩格尔曼的友谊恶化了。个中理由只能猜测，但是，一个合理的解释是，1928年维特根斯坦被介绍给一个年轻的学艺术的瑞士女人，玛格丽特·勒斯宾格（Marguerite Respinger），她不喜欢恩格尔曼。勒斯宾格是维特根斯坦家的朋友，维特根斯坦向她求爱有三年多的时间——这是我们所知的他的唯一的异性恋人。仅就二者间诸多的差异而言，其关系的性质很特别。玛格丽特几乎比维特根斯坦小一半年龄，对哲学和精神类的东西毫无兴趣，喜欢过消遣娱乐的生活。他们之间唯一的共同点是艺术。然而，姐姐在玛格丽特对哲学的冷淡态度中看到了恰恰可以令弟弟分心、摆脱精神折磨的东西。在她的鼓励下，二人开始约会，几乎每天都一起看电影、喝咖啡。维特根斯坦甚至出于灵感而在朋友迈克尔·德罗比尔的工作室里为她塑了一尊半身像。他对德罗比尔的作品很感兴趣。维特根斯坦有时被说成是同性恋，但就他与玛格丽特的关系而言，这种说法可能不完全准确。他们不仅亲吻，他在此时期的日记还表明他显然爱上了玛格丽特,非常认真地对待他们的关系,也许比玛格丽特更认真。

> 我非常爱玛格丽特,如果一个多星期没接到她的信我就会焦急万分,以为她身体不好了。我独自一人时就会想她,其他时候也想她。如果我更体面一点,我对她的爱也就会更体面。我现在把她视为掌上明珠。[1]
>
> 我非常爱 R.,当然已经很长一段时间了,但现在非常强烈。然而,我知道这可能是完全无望的一件事。也就是说,我一定要打起精神来,她可能时刻都会订婚、结婚。我知道我会非常痛苦。所以我也知道我不应该完全吊在这一根绳子上,因为我知道最终它会断的。也就是说我应该站稳脚跟,抓紧这根绳子,但不能只抓住它不放。但那的确很难。无私的爱很难,无私地爱却又不想被它抓住不放。[2]

他们考虑过结婚,但都希望从婚姻中得到不同的东西。

---

[1] L. Wittgenstein, *Public and Private Occasions* (Latham, MD, 2003), p. 25.
[2] 同上,pp. 33-34。

五 乡村岁月：1918—1929

路德维希在婚姻中看到的是精神的东西，甚至是独身的结合（与卡夫卡对费利斯 [Felice] 别无二致，尽管出于完全不同的理由），不想有孩子，因为他认为在这个痛苦的世界上把生命给予一个人是不负责任的。玛格丽特当然想要孩子。1931年她来挪威看望他时，他对她的态度导致这些分歧彻底暴露出来，以至于她决定再也不会与这个世界上的任何男人结婚了。首先，路德维希安排他们各住各的房间。除了读《圣经》、祷告、为神圣的婚姻做精神准备外，他们几乎没有在一起。她独自一人游泳、散步、与村民交往，没有理会他偷偷放进她旅行箱里的《圣经》。[1] 他们又怎么能满足相互的期待呢？两个星期后，她失望地离开了挪威，结束了那段关系。但他们依然是好朋友。1933年，玛格丽特嫁给了肖格伦，维特根斯坦对这个决定非常不满，但还是接受了。玛格丽特后来在回忆录中写道：

> 路德维希来看我，……在我的婚礼前一个小时的时候。"你坐上了一条船，海上波涛汹涌，和我保持联系，这样你就不会翻船。"他对我说。就在那一刻，我

---

[1] Monk, *Ludwig Wittgenstein*, p. 318.

维特根斯坦生活中两个最重要的女人：玛格丽特·勒斯宾格和玛格丽特·斯通伯勒，1931年

才意识到他对我的深深依恋，或许是他的欺骗。多年来，我就是他手里的软泥，他曾努力要把它做成一个更好的形状。他就像给予一个失败者以生命的一个见义勇为的人。[1]

维特根斯坦对勒斯宾格的用意是好的，但她对他产生的影响却是极坏的。我们没有证据证明她是反犹太主义者，但我们的确知道勒斯宾格不喜欢恩格尔曼，因为他是"人们

---

[1] Monk, *Ludwig Wittgenstein*, p. 339.

五 乡村岁月：1918—1929

不喜欢的那种犹太人"[1]。正是在与她在一起的时间里，维特根斯坦至少暂时地改变了他对犹太性以及一般犹太人的看法，我们在他 1931 年的日记中发现了有关这个话题的言论。如雷·蒙克所指出的，如果这些言论是维特根斯坦所写，我们就把它们理解为一个反犹太主义者的夸夸其谈。[2] 犹太人被说成具有一种"秘密的狡猾的本性"，独立于其长期的被迫害而存在。维特根斯坦对一种传统的反犹太主义论调——把犹太人比作欧洲文明的一个毒瘤——不加任何反对意见，他说犹太人只是复制，而没有真正的创造力，"哪怕是最小的一朵花或一叶草"。最后，他采纳了这一陈词滥调，写道（请注意这一有趣的影响清单）：

> 圣人不过是犹太人的"天才"。甚至最伟大的犹太思想家也不过是有才而已。（比如我自己。）我认为我的想法中有真实的东西，我也不过是复制别人的思想。我觉得我从来没有发明过一行文字的思想，而都是别人给我提供的，我不过是对其进行炽烈的澄清。这就是伯茨

---

[1] Monk, *Ludwig Wittgenstein*, p. 239.
[2] 同上，p.314。

曼（Boltzmann）、赫兹、叔本华、弗雷格、罗素、克劳斯、洛斯、魏宁格尔·斯彭格勒（Weininger Spengler）、斯拉法（Sraffa）对我的影响。……犹太人的典型心智是理解别人的思想比理解自己的更占优势。[1]

并非维特根斯坦论犹太人的全部日记都表明这种否定态度。比如，维特根斯坦还写道："犹太人是一片荒原，但在其薄薄的岩层下潜藏着精神和理智的熔岩。"[2] 而令人惊奇的是，所有这些言论都是为他所说的"那种犹太人"做铺垫，与他自己在晚年对这种谈论的批判态度形成了鲜明对比。诺曼·马尔科姆（Norman Malcolm）说，1939年他对维特根斯坦说起英国的民族性不符合阴谋用炸弹炸死希特勒的做法（当时疯传一时的谣言）。维特根斯坦大怒，很长时间不与这个朋友交往了。甚至五年后再见面时他仍然为马尔科姆的话的原始性感到震惊：

> 如果哲学对你来说只是就艰涩的逻辑问题讲几句道

---

[1] Wittgenstein, *Culture and Value*, pp. 18e-19e.
[2] 同上，p. 13e。

五 乡村岁月：1918—1929

理，那学哲学还有什么用，也就是说，如果哲学不能改进你对日常生活的重要问题的思考，如果不能使你比任何新闻记者更有良心的话……[1]

这一批判也可以用于维特根斯坦 1931 年关于犹太人的言论。对这些言论的一个可能的解释是雷·蒙克提出的，即犹太人是维特根斯坦一生中常常从哲学和道德两个方面自问和自疑的问题，而在与勒斯宾格的短暂相处中，他以反犹太主义的语言表达了出来。[2] 这个解释是合理的，即便对一个把独立判断置于一切之上的人这也是一个仁慈的解释。请注意，1931 年以后，维特根斯坦对其犹太出身持矛盾态度——1949 年他对莫里斯·德鲁里说的那番话也是神神秘秘的：他的思想"是百分之百的希伯来"。因此，在 1936 年对亲朋好友的忏悔中，他承认他让许多人认为他只有四分之一犹太血统。这证明维特根斯坦不仅感到身为犹太人是令人耻辱的，而且认为犹太性是令人耻辱并要隐瞒的一件事。毕竟，他在恶毒地反犹主义的城市中长大，那是卡尔·卢埃格尔的

---

[1] N. Malcolm, *Ludwig Wittgenstein: A Memoir* (Oxford, 2001), p. 35.
[2] 见 Monk, *Ludwig Wittgenstein*, pp. 316-317。

维也纳。如果有人认为这对他的自我认知没有影响则是不合理的。仅举一例。当年轻的路德维希想要加入维也纳的一家只是对雅利安人开放的体育俱乐部，他决定不说出自己的犹太出身以便获得会员资格，后来被哥哥保罗劝阻了。[1]大卫·斯特恩（David Stern）为这个问题提供了结论：

> 毫无疑问，维特根斯坦出身犹太血统；同样清楚的是，他不是信教的犹太人。但是，仅就他认为自己是犹太人这个事实而言，他是由于当时的反犹太主义偏见才这么做的。如果他能摆脱这些偏见，事情会好些，但是他没有。[2]

---

[1] McGuinness, *Young Ludwig*, pp. 48-49.

[2] D. Stern, "The Significance of Jewishness for Wittgenstein's Philosophy", *Inquiry*, XLIII (2000), p. 398. 又见 Stern, "Was Wittgenstein a Jew?", in *Wittgenstein: Biography and Philosophy*, ed., J. Klagge (Cambridge, 2001)。

六 回归剑桥与哲学:1929—1939

维特根斯坦的"乡村岁月"没有献给哲学,尽管他在此期间仍然与罗素和拉姆齐保持联系。因为他认为他已经解决了哲学的全部问题,所以在《逻辑哲学论》完成之后他所寻找的是一个生活的地方。就此而言,他只取得了很小的成功。维特根斯坦为哲学而生,他不可能永远抛弃哲学。其他问题随时出现,相对也很重要,但哲学总是作为一种必然而浮出水面。"艺术本身……对他来说不足以建构一种正常的生活。但艺术却是生活的不可或缺的基础。"[1] 马克斯·布罗德(Max Brod)评论卡夫卡的话也可以用于维特根斯坦,如果我们用"哲学"替换"艺术"的话。比如,兰波(Rimbaud)很早就完成了他的诗全集,然后开始一种不同的毫无文学雄心的生活。与兰波不同,维特根斯坦与哲学的关系更像是彗星与太阳的关系,它开始时

---

[1] M. Brod, *Franz Kafka: A Biography* (New York, 1995), p. 98.

被太阳所吸引，逐渐向它走近，开始发光，然后突然折回，最后又回归，而这次比以往更加明亮。

在隐居期间，他以《逻辑哲学论》孵下的"蛋"开始在奥地利和国外越来越引起人们的注意。1923年，拉姆齐的来访就是该书在剑桥引起强烈反响的结果。距家很近的哲学家们也急于见见这本谜一般的书的作者。其中之一就是哲学家莫里茨·施利克（Moritz Schlick），从1924年开始，他就带领一个学术团体进行研究，其中主要是哲学家，还有数学家、逻辑学家和物理学家，后来人称维也纳学派（the Vienna Circle）。这个学派的最著名成员有：鲁道夫·卡纳普（Rudolf Carnap）、奥托·诺伊拉特（Otto Neurath）、汉斯·赖兴巴赫（Hans Reichenbach）、赫伯特·费格尔（Herbert Feigl）、库尔特·格德尔（Kurt Gödel）和弗里德里希·韦斯曼（Friedrich Waismann）。纳粹掌权之后，他们中有人移民美国，对美国的分析哲学的兴起产生了主要作用。从一开始使他们团结一致的东西就是严谨的科学世界观。他们崇敬以物理学为缩影的自然科学，认为那是获取关于世界的知识、取得社会进步的唯一途径。他们拒不相信宗教，认为传统哲学的形而上体系是不科学的和非理性的。作为逻辑经验学家或逻辑实证主义者，他们认为一切认识都可以归结为感性经验，通过逻辑分

六 回归剑桥与哲学：1929—1939

析而予以准确的描述。他们极为欣赏《逻辑哲学论》，因为在他们看来，该书第一次构建了哲学的严谨的科学研究方法。在 1929 年的宣言《科学的世界观：维也纳学派》(*The Scientific Conception of the World: The Vienna Circle*) 中，他们把爱因斯坦、罗素和维特根斯坦看作科学世界观的主要代表人物。维也纳学派的成员似乎都没有意识到或故意装作不知道，《逻辑哲学论》的作者根本不赞成他们的世界观。他也相信传统形而上学的陈述毫无意义，但不是因为不存在形而上的真理，而是因为这样的真理是不可言说的。他的观点是：一切可言说的，都清楚地言说，其他的我们保持沉默。他们的观点是：一切可言说的，都清楚地言说，此外别无其他。此外，维特根斯坦并不认同他们通过科学取得社会进步的信仰。实际上，他在这方面的观点与维也纳学派直接对立，更接近于奥斯瓦尔德·斯彭格勒（Oswald Spengler）在《西方的没落》(*The Decline of the West*，1930 年广为流传的一本书）中表达的悲观主义。也正是在这一年，他为一本准备要写的书写了一篇长序，这就是《哲学言论》(*Philosophical Remarks*)：

> 本书是为与本书精神有同感的人所写。这种精神，我相信，不同于现在流行的欧洲和美国文明的精神——

> 这种文明的精神其表达是工业、建筑、音乐,是现今的法西斯主义和社会主义,是与作者相异和不和谐的一种精神。……即便我很清楚,一种文化的消失并不意味着人类价值的消失,这不过是表达这种价值的某种方式,但事实仍在,我对现行的欧洲文明毫无同情,也不理解其目标,即使它有目标的话。所以,我实际上是为散在世界各个角落的朋友们而写。不管典型的西方科学家是否理解或欣赏我的著作,这都没有关系,因为无论如何,他不理解我所写的那种精神。我们的文明是以"进步"一词为标志的,进步是其形式,并不与促使进步的属性相一致。其特点是建构,其活动是建构越来越复杂的结构,甚至清晰性也只是达到这个目的的手段,而非自身就是目的。——对我来说恰恰相反,清晰、透明,恰恰是目的本身——我不想建造一幢楼房,而只想在面前打下可能的建筑的基础。——所以我的目标不同于科学家的目标,我的思想也不同于他们的思想。[1]

维特根斯坦从未放弃他对进步的不信任。临终时,他

---

[1] L. Wittgenstein, *Culture and Value* (Oxford, 1980), p. 6e.

六　回归剑桥与哲学：1929—1939

写道：

> ……相信科学和技术时代是人类终结的开端，这并不荒唐；伟大的进步这个想法不过是个幻觉，还有真理终究会被认识的想法；关于科学知识没有什么好的或可欲求的；在寻求科学知识的过程中，人类落入了陷阱。人们绝不知道这并非事物之所是。[1]

在与科学文明的对峙中，维特根斯坦并非孤军奋战，许多欧洲当代思想家也参与其中，不仅有上面提到的魏宁格和斯彭格勒，还有何塞·奥尔特加·伊·加塞特（Jose Ortega y Gasset）、秦梯利（Giovanni Gentile）和马丁·海德格尔。仅举最有说服力的例子。海德格尔就写道：

> 俄罗斯和美国，从形而上的角度看，都没有什么区别：同样具有无望的、疯狂的、毫无约束的技术，同样存在对普通人的无根的组织。……地球上精神的衰落已经发展到如此程度，以至于各民族正处于丢失最后的

---

[1] L. Wittgenstein, *Culture and Value* (Oxford, 1980), p. 56e.

精神力量的危险之中，而这股力量能使人们看到其衰落……世界正变得黑暗起来，诸神已经逃跑了，地球在毁灭，人类被降低为物质，对一切创造性的和自由的东西充满仇恨和不信任。[1]

对现代性和科学的这种不信任把维特根斯坦与维也纳学派深深地隔离开来。然而，这些逻辑实证主义者却认为维特根斯坦是他们重要的哲学先驱。施利克用了两年时间读《逻辑哲学论》，与同事们逐字阅读，最终决定要见见这位作者。他们曾与住在山区村庄里的维特根斯坦联系，但都没有成功。到了1927年，维特根斯坦回到维也纳之后，他们才最终相见。施利克说服维特根斯坦定期见面，尽管就他的敏感和脆弱的心态而言，施利克向维特根斯坦保证不直接向他提出任何问题，实际上他们甚至不会讨论哲学。颇具讽刺意味的是，这些有科学心态的哲学家如此着迷于维特根斯坦，以至于他们的会面有时成了大师与弟子们的见面。他可以畅所欲言，随欲而为。有时他讨论宗教、艺术和伦理学。

---

[1] M. Heidegger, *Introduction to Metaphysics* (New Haven, CT, and London, 2000), pp. 40-41.

六 回归剑桥与哲学:1929—1939

有一次,维特根斯坦背对听众,背诵拉宾德拉纳斯·泰戈尔(Rabindranath Tagore)的诗。他绝不是科学世界观的代言人!(维特根斯坦如此看重泰戈尔以至于后来把这位印度诗人私藏的一部戏翻译了一部分。)这就仿佛他给他们上了与实证主义哲学完全不同的一课。

然而,随着时间的流逝,他们之间也开展了有价值的哲学讨论,其中有些被韦斯曼记录下来,以《维特根斯坦与维也纳学派》(*Wittgenstein and the Vienna Circle*,1967)为题发表。这些讨论大多数集中在《逻辑哲学论》的主题,如语言、逻辑、数学的本质。但他们也讨论形而上问题,这是维也纳学派成员所憎恶的。使听众吃惊的是,维特根斯坦表达了对叔本华、克尔恺郭尔和海德格尔的同情。比如,写出《存在与时间》(*Being and Time*,1927)的海德格尔:"在面对存在的时候,人们的焦虑是在世界中的存在……在面对它的时候,人们的焦虑不是在于世界中的实体……世界本身就是人自身所面对的焦虑。"[1] 根据《逻辑哲学论》,这样的句子都是纯粹的胡言。一丝不苟地进行逻辑分析的鲁道夫·卡纳普在1931年发表文章嘲笑海德格尔的这部哲学著作,但维特

---

[1] M. Heidegger, *Being and Time* (Oxford, 1962), pp. 230-231.

根斯坦却没有。因为海德格尔想要说的没有说出来才是最本质的东西,而此与卡纳普的信念相反。

> 我可以想象海德格尔所说的存在与焦虑意味着什么。人感到要冲破语言的界限。想想事物之存在给人的惊奇感吧。这种惊奇不能以问题的形式表达,也没有什么答案。我们所能说的事先已注定是纯粹的无意义。然而,我们的确要冲破语言的界限。克尔恺郭尔也看到了这种突破,并以几乎相同的方式称之(如打破悖论)。这种对语言界限的打破就是伦理学……但是这种倾向,要打破某物的倾向,在指称某物(indicates something)。圣奥古斯丁(St Augustine)已经懂得了这一点,他说:"什么,你这猪,你不想说胡话!直接说胡话吧!这没什么!"[1]

除了这些谈话外,使维特根斯坦最终回归哲学的理由是,1928年3月荷兰数学家L. E. J. 布劳威尔(L. E. J.

---

[1] Wittgenstein 转引自 F. Waismann, *Wittgenstein and the Vienna Circle: Conversations* (Oxford, 1979), p. 68.

六 回归剑桥与哲学：1929—1939

Brouwer）的演讲。布劳威尔讲的是数学基础，他辩护自己的观点，即直觉主义，这与弗雷格、罗素的逻辑主义和柏拉图主义直接对立。布劳威尔认为，数学不是逻辑的旁枝，并不包含超现实的真实，这是数学家的发现（如同哥伦比亚发现了美洲）。相反，数学是人类心智的创造。讲座后维特根斯坦非常激动，在咖啡馆里花了三小时的时间与维也纳学派成员讨论这个讲座。他同意布劳威尔对逻辑主义的批判，但同时感到他自己的观点受到了挑战。正是在布劳威尔的讲座之后，他决定重返剑桥，再做哲学。

1929年1月，维特根斯坦回到剑桥，除短暂外出，他将在那里待上几年。"哦，上帝来了。我在五点一刻的火车上碰到了他，"凯因斯在给朋友的信中写道。维特根斯坦快四十岁了，他再次作为学生进入三一学院，之后两个学期一直住在校园，比他小十五岁的拉姆齐是他的官方指导教师。由于他需要有一个学位，以便有资格拿到资助和教师职位，他把《逻辑哲学论》作为博士论文呈交，仿佛这已是常规。6月，他通过了口试，面试官无非是摩尔和罗素，多年前他曾经向其解释并向其口授书的部分内容的那两位哲学家。现在角色反过来了，即便仅仅是形式上的。罗素说当时的情况是他所经历的再荒唐不过的事了。面试以朋友间惬意的闲谈开始。然后罗素对摩尔说:"开始吧,你必须问他几个问题——你是教授。"于是他们就针对《逻辑哲学论》展开了讨论,罗素对该书所论命题的无意义性表示不满。最后,维特根斯坦拍拍考官的肩膀,说:"别担心,我知道你们从未读懂过这本书。"[1]

维特根斯坦几乎一到剑桥便开始哲学研究。他开始写下自己的想法,从十八卷大开本手稿的第一卷开始,每卷多达三百页,1940年全部完成。首先,他要着手《逻辑哲学论》中提出的项目,比如,确定假定的原子物体是什么。但恰恰在这一点上他失败了,他自己在《谈谈逻辑形式》(*Some Remarks on Logical Form*)中承认了这一点。这是他发表的唯一一篇杂志文章,写于1929年7月。这一失败激励他更加审慎地看待他的逻辑原子论,逐渐开始拒斥早年提出的观点,最后完全抛弃了他在《逻辑哲学论》中提出的整个语言观,并代之以新的思想。这个思想的终结形式在他的杰作《哲学研究》中得以表达,该书完成于1946年,于他死后出版(见本书第八章)。1929—1932年的岁月为这一新哲学打

---

[1] R. Monk, *Ludwig Wittgenstein: The Duty of Genius* (London, 1990), p. 271.

六 回归剑桥与哲学:1929—1939

下了基础,尽管在这个过渡阶段,我们发现他也涉及所有其他观点。

在剑桥,如在其他地方一样,维特根斯坦也倾向于独处,尽管与别人交换意见对于他总是至关重要的,也是知识和心理两方面所必需的。幸运的是,他周围有足够的智者供他结交。罗素此时已经不在剑桥教书了,但摩尔仍在。更重要的是拉姆齐,他给维特根斯坦提供了很有价值的反馈,这种反馈"在某种程度上我很难估量",后来他在《哲学研究》的前言中这样写道。不幸的是,拉姆齐于1930年1月逝世,年仅26岁,这对维特根斯坦和英国哲学都是巨大的损失。然而,维特根斯坦与拉姆齐的交流中有一个不利之处,即拉姆齐更感兴趣于理论的细节,而非更大的画面。拉姆齐死后维特根斯坦写道:"拉姆齐是位资产阶级思想家……他不反映现状的本质……而考虑这个现状该如何合理地组织。这个现状可能不是唯一可能的现状,这一观点部分地令他不安,部分地令他厌烦。"[1]

一个不那么"资产阶级"、更具"布尔什维克"色彩的合作讨论者是皮耶罗·斯拉法(Piero Sraffa,1898—1983),当

---

[1] Wittgenstein, *Culture and Value*, p. 17e.

时在国王学院讲学的一位天才的意大利经济学家。斯拉法是位马克思主义者,是安东尼奥·葛兰西(Antonio Gramsci)的朋友。虽然不是哲学家,但他与许多其他人不同,并不害怕维特根斯坦直接挑战。实际上,维特根斯坦承认在与斯拉法的讨论中,他常常感到像一棵被砍掉了枝丫的树。他们的大部分交流都是关于哲学的,尽管斯拉法也会向不喜欢读报的维特根斯坦传达一些时事。与拉姆齐不同,斯拉法感兴趣于比较宽广的图景,能帮助维特根斯坦以全新的方式看待事物。一个人尽皆知的例子说明了斯拉法是如何影响维特根斯坦的:一次他们乘火车出游,在车上谈逻辑。维特根斯坦在为《逻辑哲学论》中的一个观点辩护,即一切命题都是图画,因而必定具有相同的逻辑形式。对此,斯拉法打了一个那不勒斯人表示蔑视的手势,包括用指尖擦拭下巴颏,问:"这个[指这个手势]的逻辑形式是什么?"据维特根斯坦说,这件事打破了他长期以来始终没有破解的符咒,即命题一定有一个统一的本质。[1] 语言内嵌于我们的生活方式之中,并不只有一个目的或本质——这一洞见成为他后期哲学的重要组成部分。在《哲学研究》的前言中,斯拉法和拉姆齐是仅有

---

[1] N. Malcolm, *Ludwig Wittgenstein: A Memoir* (Oxford, 2001), pp. 57-58.

六 回归剑桥与哲学:1929—1939

维特根斯坦的朋友、左翼意大利经济学家皮耶罗·斯拉法

的两位被提及和致谢的人。

另一位重要的剑桥朋友是 J. M. 凯因斯,他帮助维特根斯坦再次融入大学的社交生活,包括 1913 年他以蔑视态度离开的使徒社团。由于《逻辑哲学论》,维特根斯坦此时已经成为传奇人物,使徒社团惊愕地欢迎他回来。同样,他与布鲁姆伯利团体建立了联系,可能因此认识了弗吉尼亚·伍尔夫(Virginia Woolf),尽管我们没有在他们的著述中看到相互援指。[1] 由于其浓重的修道倾向,维特根斯坦在这些团体中并不感到舒适,尤其是当有女人出现的时候,在这种情

---

[1] Monk, *Ludwig Wittgenstein*, p. 256.

况下,他通常不讨论重要问题,只参与肤浅的谈话或开开肤浅的玩笑。有一次午餐时,有女人在场,但话题竟然转到性的问题上,他愤然离席。显然,他更愿意与单个人在一起,尤其是年轻男士,如果他们对他产生特殊好感的话。一个典型的例子就是他与吉尔伯特·帕蒂森(Gilbert Pattison)的关系,当时帕蒂森还是个本科生,后来成为伦敦的一位特许会计师。帕蒂森对哲学不感兴趣,也不想用伦理问题折磨自己。然而,他却与维特根斯坦有十多年的厚交,因为他们有一个共同爱好,都喜欢"在院子里闲聊一些无意义的琐事",这还包括在莱斯特广场一起看好莱坞电影,嘲笑杂志上和商店里的广告,交换愚蠢的信件,信中他们相互称作"亲爱的血",落款是"你的血腥的",而他们对"血腥"一词的用法通常都令人作呕。下面就是典型的一例:

> 亲爱的吉尔伯特,……你会对这个消息感兴趣:我有个小小的事故,折断了一条肋骨。我想把它移出,做成一个老婆,但他们告诉我,用我们的肋骨做女人的技术已经失传了。——你的血腥的,路德维希。
> 亲爱的血。下星期四下午五点四十我会在皮卡迪利广场,星期六还会做好一切准备见莱昂斯(Lyons)

六 回归剑桥与哲学:1929—1939

上校。用肋骨做实验完全没有用,如果不是(上数)第五根的话。你在踢足球还是狂饮?我最近从一个匿名捐赠者那里收到一听艾伦波力混合酒。你的等等吉尔伯特。[1]

维特根斯坦像在战前一样定期参加道德科学俱乐部的活动,在这里他开始结交年轻的朋友和学生。这个社团的活动很快就被这位长相仍很年轻的哲学家所控制,以至于一些年长的成员,如道德哲学教授 C. D. 布罗德(C. D. Broad)不再参加活动了,以抗议维特根斯坦时不时地"钻过他的铁圈",而他的追随者却都"不知情地跟着瞎起哄"[2]。据雷·蒙克所说,维特根斯坦主要选择年轻人做学生和朋友,理由是他喜欢被"幼稚无辜和头脑一流"的年轻人环绕着,而不喜欢那些僵化的教授。[3] 他正在研究的是他所认为的一种革命的哲学观,他希望他的新思想能更好地被年青一代所理解。他的个人魅力是压倒一切的,给许多学生留下了永久的印象。

---

[1] 1933 年 3 月 12 日的两封信:*Ludwig Wittgenstein: Briefwechsel* (Innsbruck, 2004)。

[2] Monk, *Ludwig Wittgenstein*, p. 263.

[3] 同上,p. 262。

如其中一位叫德斯蒙德·李（Desmond Lee）的学生所说，在这方面，维特根斯坦就像苏格拉底，他们都对年轻人产生了麻醉催眠的效果。[1] 这个效果对学生并非总是好的。他要求绝对的忠诚，期望他们能忍受他易怒的性格，但他本人却绝不容忍别人。如玛丽·米奇利（Mary Midgley）所说：

> 踩着别人脚趾头的人尤其意识不到被踩是什么滋味，所以，当这事发生在他们自己身上时他们自然会大惊小怪。……宽容并不在维特根斯坦的词汇中，他也想从别人的词汇中将其移出。[2]

维特根斯坦本人并非没有意识到自己的一些瑕疵，他曾对一个朋友说："虽然我无法表达感情，但我极其需要它。"但他是否也意识到了他那强有力的个性会扭曲别人的个性？他看不起学术界，浪漫地想象一种"朴素"的生活，因此他说服几个学生放弃学业，放弃从事比较实际的职业，这令他们的父母甚为沮丧。他甚至干涉生死问题。当他的最亲密的

---

[1] Monk, *Ludwig Wittgenstein*, p. 263.

[2] M. Midgley, *The Owl of Minerva: A Memoir* (London, 2005).

六　回归剑桥与哲学：1929—1939

朋友和学生莫里斯·德鲁里于1944年参加诺曼底登陆战役时，维特根斯坦根据自己在第一次世界大战中对死亡的态度给了他一条建议："如果碰巧你陷入一场徒手战斗，你一定要站在一边，等着被杀。"我们不知道他是否有权如此不负责任地使用他的权威。公平地说，应该提到的是，他的朋友们不会接受这样的批评。德鲁里本人就公开否认维特根斯坦是"脾气暴躁、高傲、备受折磨的天才"这种说法。相反，对德鲁里来说，维特根斯坦是"最热心的、慷慨的和忠实的朋友，任何人都愿意与之为友"[1]。

另一个著名的剑桥协会是"狂热者"。维特根斯坦似乎只参加过这个团体的一次活动，即1929年11月，但恰恰是在这次活动中他做了最易懂的讲座《论伦理学》(*Lecture on Ethics*，于死后发表)。除了《逻辑哲学论》结尾的部分外，这也是他对哲学伦理学所做的唯一贡献。在讲座中，他试图让听众抹除他是实证主义者和反宗教思想家的印象，他的许多读者都是这样认为的。他强调指出，绝对价值，比如，使谋杀成为邪恶之举的那些价值，不是这个世界上的事实，而

---

[1] K. T. Fann, ed., *Ludwig Wittgenstein: The Man and His Philosophy* (New York, 1967), p. 67.

是超验的。因此，不存在伦理学这门科学，因为科学处理的是世界上的事实。绝对价值只能被体验。任何想要表达这些价值的企图只能以无意义告终。迄今为止，只有《逻辑哲学论》[强调了这样的观点]。在讲座超出该书内容的部分，他讲述了可以证实的宗教体验，讨论了三种这样的体验，并总结为"事物之存在该有多么了不起"（世界的奇迹），"我是安全的，无论发生什么都不会伤害我"（绝对安全），以及"上帝不赞同我们的行为"（绝对罪过），但他只能展示这些短语都是无意义的。他写道：

> 我们都知道在普通生活中安全的意思。我在房间里很安全，我不会被小面包车轧死。我患百日咳也是安全的，因为以后不会再患了。从本质上说，安全意味着有些事情不可能物理地发生在我身上，因此说无论发生什么我都是安全的，就是一派胡言。这又是对"安全"一词的误用，就仿佛对"存在"或"难怪"等词的误用一样。

他总结说：

六 回归剑桥与哲学: 1929—1939

维特根斯坦在剑桥的大学照

我的整个倾向，我认为，所有想要书写或讨论伦理学或宗教的人的倾向，就是要打破语言的边界。要打破我们的牢笼的墙壁，是绝对无望的。迄今为止伦理学产生于要表达生命之终极意义的欲望，绝对的善，绝对的价值，都不是科学。它所说的并不增加我们的任何知识。但是，它却是记录人类心智的一种倾向，我个人禁不住深切地崇敬它，我此生都不会嘲笑它。[1]

---

[1] Ludwig Wittgenstein, "Lecture on Ethics", in *Philosophical Occasions* (Indianapolis, IN, 1993), pp. 42ff.

虽然维特根斯坦仍然不喜欢学术生活，他还是决定留在剑桥。但是，由于他现在没有任何收入，因此他面临经济困难。1929—1930 年，他在朋友们的帮助下获得了一笔资助，以继续研究，并以哲学逻辑为题上了两学期的讲座课。当这一临时项目结束后，他必须找到一个较能持久的办法。1930 年夏，他申请了三一学院的一个五年研究奖学金。他提交的考试材料是他最近完成的手稿（1964 年以《哲学言论》为题发表），由罗素、数学家 J. E. 利特尔伍德和 G. H. 哈代评审。罗素的评语是：

> 维特根斯坦著作中的诸种理论都是新的，非常有创见，无疑是重要的。它们是真是假，我不知道。作为喜欢简朴的逻辑学家，我真希望它们不是真的。但从我所读到的东西看，我非常肯定他应该有机会把它们做出来，因为当完成的时候，它们会轻松地构成一种全新的哲学。[1]

申请被批准了，维特根斯坦放心了。他能在一个相当长

---

[1] B. Russell, *Autobiography* (London, 2000), p. 440.

六　回归剑桥与哲学：1929—1939

的时期内聚焦于哲学了。

当理查德·布雷思韦特（Richard Braithwaite）问起用什么题目公布他的第一批演讲稿时，维特根斯坦在沉默了很长一段时间后，终于回答说主题应该是哲学。"这些讲座的题目除了哲学还能是什么？"这始终是他在剑桥讲座的题目，除了1932—1933年，那些讲座被宣称是"为数学的哲学"。维特根斯坦作为"讲师"的"生涯"从1930年持续到1947年，1936—1938年和战争岁月除外。在这些年里，他讲了很多题目，包括哲学的本质、逻辑和语言的哲学、思想和语言的意向性、形而上学批判、唯我论和理想主义、数学的哲学、感性数据和私人经验、因果、美学、宗教信仰和弗洛伊德心理学。幸运的是，学生在这些课程中记下的涉论广泛的笔记都得以留存下来了。维特根斯坦的讲座很快成为传奇，为他身上的天才光环增添了亮度。这些年中，许多学生和同事都来听他的讲座，其中有艾丽斯·安布罗斯（Alice Ambrose）、伊丽莎白·安斯科姆（Elizabeth Anscombe）、马克斯·布莱克(Max Black)、彼得·吉奇(Peter Geach)、诺曼·马尔科姆、G. E. 摩尔、艾丽斯·默多克（Iris Murdoch）、拉什·里斯、约翰·威兹德姆（John Wisdom）、斯蒂芬·图尔明（Stephen Toulmin）、阿兰·图灵（Alan

Turing)[1]、格奥尔格·亨里克·冯·赖特（Georg Henrik von Wright），等等。他的几个学生后来成为著名的哲学家。正是通过这些学生，维特根斯坦的新思想才得以传遍英国、美国、澳大利亚和斯堪的纳维亚各地。

1929年开始讲课时，维特根斯坦还担心从德语向英语的转换问题，因为他的手稿都是用德文写的，但这种担心很快就消失了，因为维特根斯坦讲一口没有口音的地道的英语。他的讲座并不是正规的，不像当下大学里的那些讲座。它们都是在三一学院的惠威尔院子中几乎没有家具的房间里进行的，但它们却给听课的人留下了永久的印象。艾丽斯·默多克虽然不定期来听，但她却记得：

> 他很帅。个头矮小，非常非常聪明，短脸，双眼炯炯有神——一副锐利、专注、警觉的面庞还有那双有穿透性的眼睛。他外表看起来像个流浪汉。他有两个空荡荡的房间，没有书，只有几只轻便折叠椅，当然，还有一张旅行床。他和他的房间装饰都非常令人不安。他那

---

[1] 维特根斯坦与图灵的交流记载在 L. Wittgenstein, *Lectures on the Foundations of Mathematics, Cambridge, 1939* (Ithaca, NY, 1976)。

六 回归剑桥与哲学:1929—1939

惊人的直接待人的方式和毫无任何装饰的房间都令人不安。我是说,对大多数人来说,你在一个框架里遇见他们,总有些习惯,比如怎样和他们说话等,不是赤裸裸地个性对抗。但维特根斯坦总是把这种直接的对立强加于所有关系之上。我只遇见他两次,不怎么了解他,也许这就是为什么我总是以为,作为一个人,他是可敬可畏的。[1]

维特根斯坦不发讲义,不读讲稿,甚至没有提纲,因为他认为这样的讲座是基于人工和腐朽的"材料"之上的。但他使用黑板。他对迟到者毫不留情,不允许不经心的听课。他说:"我的课不是给旅游者开的。"由于他已经对所讲的问题思考许久,他只在讲课前准备几分钟,重拾上一周课程的结果,然后便随意地即席讲课,就当时当地的一个想法展开来。他的课程如他的后期著述一样,都以大量生动的例子做证明,有惊人的隐喻和明喻。他讲话极具权威性,甚至在他努力寻找适当的词汇时,甚或长时间沉默时,每个人都觉得

---

[1] V. Mehta, *Fly and the Fly-Bottle: Encounters with British Intellectuals* (Harmondsworth, 1965), p. 52.

重要的和开拓性的东西就在这寻找中,在这沉默中。"在这些沉默期间,维特根斯坦极度紧张和敏捷。他双眼凝视,面部活跃,双手做着引人注目的动作,表情严肃。大家知道他们正面对着一股极度严肃、投入和理智的力。"[1] 他常常会自言自语,不让任何人插话。然后,他会从听众中找一个人对话。他的学生都被他吓着了。他急躁、易怒,要求他们准确地表达自己的思想。幸运的是,不像在奥地利的学校,在剑桥他没有用体罚。

  维特根斯坦的严格,我认为,是与他对真理的炽烈的爱相关的。他常常与最深刻的哲学问题进行斗争。一个问题的解决引出另一个问题。维特根斯坦是不妥协的,他必须要理解透彻。他强烈地推动自己。他的整个存在都在一股张力之下。课上的每一个人都不能不看到他在把意志和理智绷紧到极限。这是他绝对的、无情的诚实的一面。从根本上说,他之所以成为可敬甚至可怕的一个人,既作为教师又在个人关系中,正是因为他那无情的真诚,对此他不宽容自己,

---

[1] Malcolm, *Ludwig Wittgenstein*, p. 25.

六 回归剑桥与哲学：1929—1939

维特根斯坦在剑桥三一学院
房间的窗口

也不宽容任何别人。[1]

维特根斯坦极少满足于自己的讲座。他有时会大叫"我今天真愚蠢！"或"你的老师糟透了！"他如此尽心于这些讲座，又如此厌恶它们，以至于课后他总是匆匆跑到电影院去看好莱坞电影，尤其是西部片，他坐在前排，以完全摆脱哲学。"这种典型的美国电影，幼稚愚蠢，能够——仅就其愚蠢甚至借助这种愚蠢——有所教益。愚昧的、自觉的英国电

---

[1] Malcolm, *Ludwig Wittgenstein*, p. 26.

影没有任何教益。我常常从愚蠢的美国电影中获得教训。"[1]在同一时期的日记中,还有几则关于电影的反思:

> 一方面,我一定是个现代人,因为电影对我发生了如此非凡的有益作用。我难以想象有比美国电影更能让我的心智得以休息的东西了。我所看到的,以及音乐,给我一种极乐的感觉,也许这有些幼稚,但也因此同样有诱惑力。总体来说,我常常想的和说的就是,一部电影类似于一场梦,弗洛伊德的思想可以直接用于电影。[2]

连续两年讲座之后,1931年,维特根斯坦感到他需要更多的时间整理手稿,并获得一年的研究休假。然而,他继续在自己的房间里给感兴趣的学生无薪授课。这个时期,他非常高产;到1932年夏,他完成了新手稿第十卷。他的整体构想是推翻《逻辑哲学论》中的哲学,代之以关于语言、逻辑和数学之本质的新观点(见第八章)。自

---

[1] Wittgenstein, *Culture and Value,* p. 57e.

[2] L. Wittgenstein, *Public and Private Occasions* (Lanham, MD, 2003), p. 31.

六　回归剑桥与哲学：1929—1939

1929年以来，他也一直与弗里德里希·韦斯曼合作，以书的形式呈现他的思想，宣布的书名是《逻辑，语言，哲学》(*Logic, Language, Philosophy*)。该书是施利克策划的，将由韦斯曼以清晰易懂的语言写出，与维特根斯坦深奥的语言相对照。韦斯曼在许多场合遇到过维特根斯坦，但主要是维特根斯坦在奥地利度假期间，但该书最后以失败告终，因为维特根斯坦的哲学经历了深刻而不可预测的变化，使得他不时地拒绝韦斯曼的手稿。如韦斯曼所承认的："[维特根斯坦]具有仿佛总是第一次看事物的奇妙才能。但我以为显然合作是相当困难的，因为他总是顺从当时当地的灵感，推翻前次计划好的。"[1] 当这个项目的精神牧师施利克1936年在维也纳被一个不满的学生暗杀后，维特根斯坦抛弃了这个计划。韦斯曼也从未完成书稿，其残篇1965年以《语言哲学原理》(*The Principles of Linguistic Philosophy*) 为题发表。该书依然是对维特根斯坦思想的最具可读性的介绍。

1931年，维特根斯坦还就詹姆斯·弗雷泽 (James Frazer) 划时代的人类学和宗教的比较研究《金枝》(*The*

---

[1]　F. Weismann, *Wittgenstein and the Vienna Circle: Conversations* (Oxford, 1979), p. 26.

Golden Bough，12卷，1911—1915）发表过一系列言论。虽然鸿篇巨制，但其研究仍然是世纪之交实证主义的典型，因为它把所谓原始人的神话看作真正的原始的，即原始的科学。据弗雷泽所述，神话和魔法都是基于虚假的信仰之上的，它们是关于自然现象的迷信，在西方已被科学革命所征服。维特根斯坦是与德鲁里一起读的第一卷，但没有再往下读，因为维特根斯坦总是停下来发表不同见解。他的主要论点是，弗雷泽并不想理解原始神话，只是就其历史根源予以纯粹的遗传学解释（而甚至那番解释也是错误的），但这是误读了神话的实际意义、深度，以及与我们自己的神话和形而上学思维方式的相似性。弗雷泽对原始习惯的解释比那些习惯本身还要原始，维特根斯坦这样认为。实际上，"一切宗教都是美好的，"他对德鲁里说，"哪怕是原始部落的宗教。"

> 弗雷泽对人类魔法和宗教观的叙述是不令人满意的：使得这些观点看起来像是错误。那么，奥古斯丁在《忏悔录》的每一页都乞灵于上帝，他是否也错了呢？……但是——人们或许会说——如果他没有错，那么佛教的圣人一定错了——或别人一定错了——他们的

六 回归剑桥与哲学：1929—1939

宗教表达的是完全不同的观点。想要解释一种习惯这个想法——比如，杀害祭司——在我看来是错的。弗雷泽所做的不过是让那些像他一样思考的人感到合理罢了。非常了不起的是，在最后的分析中，所有这些习惯都呈现为愚蠢的碎片。但是，要说人类完全是出于纯粹的愚蠢而做了这些事，则绝不是合理的。[1]

燃烧肖像。吻所爱之人的照片。这显然不是因为相信这会对照片所代表的客体产生某种特殊影响。它意在满足，并获得了满足。甚或，它毫无目的可言；我们不过是这么做而已，然后感到满足。……同一个野人，用刀刺敌人的肖像，这显然是要杀死他，真的用木头建造了房子，灵巧地削了箭头，而不是在雕像……在弗雷泽那里，这是一种多么狭隘的精神生活呀！结果是，对他来说，一切都是他所处时代的英国生活，要想过一种不同的生活该有多么难！弗雷泽无法想象一个牧师不像现在的英国牧师那样愚蠢和迟钝……弗雷泽比他笔下的大多数野人更愚昧。[2]

---

[1] Wittgenstein, *Philosophical Occasions*, p. 119.
[2] 同上，pp. 123, 125, 131。

正是 1932—1933 年他重新登上讲台后不久，维特根斯坦遇到了弗朗西斯·斯金纳（Francis Skinner），一个学数学的二十岁的本科生，这是他这一年中最大的亮点。斯金纳帅气、羞涩、温顺、聪明，所有这些都是维特根斯坦所喜欢的。不久，弗朗西斯就成为维特根斯坦的伴侣，一位倾心的学生和合作者。维特根斯坦多么喜欢斯金纳，这可以从这样一个事实中看得出来：当时维特根斯坦正忙于整理的手稿（《哲学言论》）包含一条特殊说明，即如果该书能够出版，那献词就是："献给弗朗西斯·斯金纳。"这是与大卫·平森特地位相等的一个人，因为《逻辑哲学论》是题献给大卫·平森特的。但是，大卫并没有回报维特根斯坦的感情，而弗朗西斯回报了。相遇几个月后，两人开始互通热情洋溢的信，相互间以名相称（这在当时比在现在具有更深刻的意义）。1932 年 12 月，弗朗西斯写道："我很高兴看到你在想念我。我也很想你。"维特根斯坦暑假离校期间，弗朗西斯写道："我感觉离你很远，渴望再次靠近你。"[1] 从这些信中，我们的印象是，弗朗西斯更加痴迷，至少更加坦白。他完全迷上了路德维希，热切地要讨好他，

---

[1] 1933 年 10 月 20 日给维特根斯坦的信，in Wittgenstein, *Briefwechsel*。

六　回归剑桥与哲学：1929—1939

以至于放弃了数学课，不遗余力地献身于这位老年朋友的著作。另一方面，维特根斯坦需要这种专注和忠诚，在别人眼里，一位合他口味的年轻人的出现令他沉静下来，令他轻松起来。二者的关系不是对称的，不仅在感情上，而且在哲学上也如此，因为维特根斯坦作为官方指导教师，他用这个同伴不完全是为了讨论他的观点，而主要是记录这些观点。三年多来，他们认真工作，准备出版维特根斯坦的书，而维特根斯坦则向他和另外几个亲密的学生口授了几个文本，包括所谓的《蓝皮书》(*Blue Book*，1933—1934) 和《褐皮书》(*Brown Book*，1934—1935)，《蓝皮书》收集了讲座的内容，是对其后期哲学的清晰介绍。斯金纳也收集了维特根斯坦讲座的颇有价值的提纲。

二者的关系发展得有多快，这很难说清楚，但的确是亲密的。后几年也留下了二者相爱的证据。在 1936 年的信件中，弗朗西斯不断地说："我想念你，想念我们相互的爱。这使我继续活下去，让我兴奋，帮助我克服沮丧。"[1] 1937—1938 年维特根斯坦的几则编码的日记也提到了对这位朋友的

---

[1]　1936 年 12 月 6 日给维特根斯坦的信，in Wittgenstein, *Briefwechsel*。

感情。[1] 这些日记还揭示出维特根斯坦对这种感情产生了负罪感。下面就是一段表示亲密的文字：

> 昨夜手淫。良心受到责备。但也相信我太软弱以至于无法抵制有些形象进入我心灵时的那种冲动和诱惑，我无法逃入其他形象中。而且也仅仅是在昨晚我才想到我一直以来的纯洁！（我想的是玛格丽特和弗朗西斯。）[2]

请注意维特根斯坦在这个语境中也提到了玛格丽特·勒斯宾格。如雷·蒙克所指出的，像流行说法所说的，维特根斯坦为同性爱或仅为同性爱所苦，是对他的曲解。[3] 相反，他遭受性爱的折磨，因为性爱破坏了他想要成为的那种自控、清白之人的可能性，这是与他所相信的爱与性之间的断然区别分不开的。这个解释有其合理性，但我们很难认为他深受性爱折磨的原因仅仅源于魏宁格的著作，即使在他四十多岁时他依然不能释怀。维特根斯坦也没那么理智。更有可能的是，魏宁格的理论给他带来了关于性爱的不安全感，尤

---

[1] 只有一个这样的经历被提及，在 MS 118 中，1937 年 9 月 22 日。

[2] MS 120, 1937 年 12 月 2 日。

[3] 见 Monk, *Ludwig Wittgenstein*, Appendix。

六　回归剑桥与哲学：1929—1939

维特根斯坦与密友弗朗
西斯·斯金纳于剑桥

其当爱也参与其中时，他认为爱高于一切。虽然他关于性爱的日记极少，且密不透风，充满了负罪感，但爱和友谊却明确无疑，有时甚至清澈见底。请看下面这段话，这是在他生命终结时对另一位年轻人本·理查兹表白的情感：

> 爱是一种快乐。也许是掺杂着痛苦的快乐，但仍然是快乐。如果没有快乐，或快乐减缩为一丁点儿火花，那么爱将消失。……爱与人的本性相关……爱是价值连城的珍珠，你把它放在心口，不与任何东西交

换。那是最宝贵的。一旦有了爱,那就表明了价值的意义。人们逐渐了解到这价值的意义:认识那价值。人们逐渐了解到这价值的意义:把宝贵的金属与其他金属区分开来。[1]

1936年,维特根斯坦的研究项目和斯金纳的研究生课程都结束了。维特根斯坦决定再次离开学界,并说服朋友也离开学界。斯金纳自愿参加西班牙内战,但被拒绝。他的另一个学生选择当医生,这是多年前维特根斯坦自己所预期的职业。但是由于基金短缺,斯金纳最后选择了维特根斯坦的第二个,具有托尔斯泰色彩的职业:当一名工厂工人。这似乎是维特根斯坦在弗朗西斯身上重塑年轻时的自己。可以理解的是,这位年轻人的父母懂得儿子的数学成就会多么有前途,他们对儿子的这个选择和维特根斯坦对儿子的影响极为愤怒,并坚决反对。但弗朗西斯只承认路德维希的权威,于是在剑桥的一家公司当了见习机械工,但维特根斯坦也没有为此而感到多么高兴。1936—1937年,两人偶尔见面,因为维特根斯坦大多数时间不在英国,但在1938年,当维特根

---

[1] MS 133,1946年10月26日。

六 回归剑桥与哲学：1929—1939

斯坦回到剑桥时，他们一起住在弗朗西斯在剑桥的公寓里。但到了1939年，他们的关系恶化，也许是因为两人关系太紧密了。哲学家想要疏远一点，既在肉体上又在精神上疏远这个过于热烈的年轻人。这种关系最终以悲剧结局，1941年斯金纳死于骨髓灰质炎，年仅二十九岁。维特根斯坦垮掉了。在弗朗西斯的葬礼上，据说他就像一头"被惊吓的野兽"[1]。几个月后，他在日记中写道：

> 过多地想念弗朗西斯，但总是对自己没有去帮助他而感到懊悔；没有感激。他的生与死似乎只是为了谴责我，因为我在他最后两年的生活里常常没有给他爱，而在我内心里，则不忠实于他。如果他不是那么无边地温柔和真诚，我一点儿也不会爱他的。[2]

1946年他又写道：

> 自问这样一个问题：你死的时候，谁会为你悲伤？

---

[1] Monk, *Ludwig Wittgenstein*, p. 427.
[2] MS 125, 1941年12月28日。

这悲伤会有多深？谁为弗朗西斯悲伤？我为他悲伤有多深？我比其他人更有理由为他悲伤吗？他是不是应该有人在整个余生都为他悲伤？如果有，那是他该有的。对此人们总是会说：上帝将拯救他，给予他坏人所未曾给予他的东西。[1]

除了他与斯金纳的关系以及哲学研究的进步，1938年维特根斯坦的生活中还有几个重要的发展。他主要致力于哲学，而且非常高产。他的写作方式与以前一样：把一些评论记入日记，然后以润色后的形式将其编入大手稿或口授给打字员。无数的手稿和打字稿就这样完成了，但是，由于他从不满意，所以常常重打或重写草稿，把个别言论删去或重组，有时为某个短语和句子费尽心机，而这一切都是为了发现"那具有解放性的词"。此时期的最重要著作是所谓的《大打字稿》（*Big Typescript*），这是他死后别人为其命名的，只在最近才以英文出版。这是有七百五十页厚的一部打字稿，1933年维特根斯坦在霍什雷特（Hochreit）休假时口授给一个打字员的，是其1929年以来紧张工作的结果。其三分之

---

[1] MS 133，1946年10月26日。

六 回归剑桥与哲学：1929—1939

一涉及数学哲学——显然证明了他对这个课题的重视。其余部分涉及语言的本质、心理哲学和哲学的本质——这些都是他后期研究的重点。《大打字稿》显然是一本重要著作的草稿，包括章节标题和目录，但在完成之际，他如此不满意以至于称其为一个"垃圾箱"，至少三次重新组织。这当然是误判，因为文本含有极其丰富的哲学内容。其后期杰作《哲学研究》中的许多言论都直接从这部草稿中摘出。《大打字稿》可以当作一本独立著作来读，有些地方比《哲学研究》还透明清晰，含有后来他未曾利用的启发性反思，至于未用之原因，无人知晓。抛弃了《大打字稿》之后，维特根斯坦尝试新的方法来建构新的哲学，最后，1936年，他开始一个手稿，那就是《哲学研究》。

这些年中另一些有意义的事情就是1935年去苏维埃的旅行以及1936年在挪威的短居。这两件事可以看作他想要逃离剑桥学术生涯的企图。此外，他对苏维埃的好感是以逃离西方为基础的，他认为西方是一个注定失败、堕落的文明。维特根斯坦读过凯因斯的文章《俄罗斯短论》(*A Short View of Russia*)。虽然凯因斯对苏维埃的国家经济体系持批判态度，但却对共产党建立准宗教信仰的能力表示赞赏。这或许是维特根斯坦在读过凯因斯文章后对俄罗斯有好感的原因——一种全新生活的前景,以及托尔斯泰式的宗教革新。然而,维特根斯坦的理由并不完全透明。如雷·蒙克所指出的,20世纪30年代的苏维埃联盟不是托尔斯泰理想中的田园乡村,而是斯大林五年计划的"莫洛克"(Moloch)。[1] 维特根斯坦是否也受到了环境的影响呢?毕竟,在20世纪30年代初,剑桥也经历了共产主义热。不仅出现了使徒团体(这是马克思主义者工作和招募之地),还有剑桥共产党和剑桥共产主义基层组织(the Cambridge Communist Cell)。像艺术史家安东尼·布伦特(Anthony Blunt)和本科生金·菲尔比(Kim Philby)等人后来组织了臭名昭著的剑桥五人团的间谍圈。W. W. 巴特利(W. W. Bartley)甚至断言维特根斯坦是五人团的招募者。最后,但并非不重要的是,维特根斯坦有几位马克思主义者的朋友,如皮耶罗·斯拉法、尼古拉·巴赫京(Nikolai Bakhtin)、法尼亚·帕斯卡尔(Fania Pascal)和乔治·汤普森(George Thompson)。但是,像维特根斯坦这样毫不妥协的人,要说他在这样一个信仰坚定的环境里受到影响则是不太可能的。

---

[1] 见 Monk, *Ludwig Wittgenstein*, p. 342。

六 回归剑桥与哲学：1929—1939

不论维特根斯坦对共产主义有多么同情，那都不是基于意识形态的原因。"我是共产主义者，"但他马上就会加上一句，"在心里。"与定居在英国的乌克兰哲学家法尼亚·帕斯卡尔相比，他在谈到马克思主义意识形态时，语气十分贬抑，以至于有一次激怒了她。他对任何教条的、组织化的东西的这种厌恶不仅影响了他对宗教的态度，也影响到对政治的态度，而马克思主义也不例外。与帕斯卡尔的一段插曲证明了这一点：

> 我刚刚被选入剑桥苏维埃联谊会，就把这个好消息告诉了他们两个。维特根斯坦坚定地告诉我说，政治工作对我来说可能是最糟糕的；将会给我造成很大伤害。"你所要做的就是对别人好点。别无其他。就是对人好点。"[1]

此外，马克思主义的社会工程论并不适合维特根斯坦总体的世界蓝图。1930 年他在《哲学言论》的前言中写道，现

---

[1] R. Rhees, ed., *Ludwig Wittgenstein: Personal Recollections* (Oxford, 1981), p. 35.

代文明的精神"是以工业、建筑、音乐表达的,当今的法西斯主义和社会主义是与作者相异和不相容的精神"[1]。请注意维特根斯坦在此把社会主义列在法西斯主义之后,这与像马丁·海德格尔这样的保守思想家并非不一致。大约在同一个时期,海德格尔也认为共产主义、法西斯主义,甚至民主都源自同一个源泉,即"对权力意志的普遍统治"[2]。海德格尔反常地加入了民族社会主义阵线。由于加入党组织并不是维特根斯坦可选择的路,因此我们唯一能找到的他对苏维埃联盟持好感的原因就是对一种新生活的浪漫渴望——加之政治上对苏维埃联盟的形势的幼稚无知。[3]

就这样,在20世纪30年代初,维特根斯坦曾考虑在苏联定居,理想的是与弗朗西斯一起,他们可以在那里接受医学训练,或当个简单的劳动者。他甚至为此目的学了俄文(因此能阅读陀思妥耶夫斯基的原文)。由于凯因斯与苏联官方和学界的关系,维特根斯坦最终于1935年9月去苏

---

[1] Wittgenstein, *Culture and Value*, p. 6e.

[2] M. Heidegger, *Die Selbstbehauptung der deutschen Universität* (Frankfurt, 1982), p. 25.

[3] 据说他的一个学生卡齐米尔·莱维(Casimir Lewy)把维特根斯坦说成是政治上幼稚。

六 回归剑桥与哲学：1929—1939

联考察。关于这次旅行，我们知之甚少。他在苏联住了两个星期，去了列宁格勒和莫斯科，会见了许多人，尤其是科学家和马克思主义哲学家。他们似乎误解了他此行的目的，给他提供学术工作，如喀山大学教授职位，（他的偶像托尔斯泰1844年曾在这里学习过！）不是他和弗朗西斯所寻找的简单劳动。当他向来自莫斯科的哲学家索菲娅·雅诺夫斯卡亚 (Sophia Janovskaya) 自我介绍时，她尖叫道："什么！不是那个伟大的维特根斯坦吧？！"从俄国回来后的一段时间里，维特根斯坦不很认真地考虑过在苏联接受学术职务的想法。但他对苏维埃联盟的热情消退了。确切原因是什么，我们不得而知，因为他对此行几乎完全保持沉默，显然是不想让人以他的名义进行反苏宣传。一个合理的解释可能是他只不过对苏联的现状感到失望，因为他把苏联的生活比作军队里的下士。[1] 但这与事实不符，甚至此行之后，维特根斯坦也没有很多关于斯大林极权主义的合理批判。"暴政并未使我愤怒。"他对拉什·里斯说。他对苏联的实验继续表示同情，也许是因为它与腐朽的西方不同，即便在1936年大清洗的审判之后，自不必说1930年初数百万乌克兰农民大规模地

---

[1] Monk, *Ludwig Wittgenstein*, p. 353.

死于饥荒。晚至 1939 年他对德鲁里说:"人们谴责斯大林背叛了俄国革命,但他们不知道斯大林所要处理的问题,以及他们看到的俄国所面临的威胁。"[1] 其讽刺意义在于,斯大林本人正是用这些"问题"和"威胁"来证明设立古拉格集中营的合理性的。维特根斯坦对集体谋杀者斯大林的这种理解是难以解释的,如果我们认真对待维特根斯坦坚定的伦理立场的话。他至少没有像其他英国知识分子那样公开把自己弄成傻瓜,如乔治·萧伯纳(George Bernard Shaw),1934 年,萧伯纳曾把斯大林说成是最直率最诚实的人,说苏联人丰衣足食——而当时正值其人民遭受最大饥荒之际。[2]

维特根斯坦在三一学院的研究项目延长了一年,于 1936 年夏完成。这个项目没有给他留下任何收入,他再次产生被放逐之感。他决定去挪威,像 1913 年一样在那里结束未竟之业,也可能想要逃离与弗朗西斯的稍有点令人窒息的关系。8 月底,他再次来到肖伦附近的旧房子。一个多月来,他试图重拾最新的手稿(《褐皮书》),但最终为其愤怒,

---

[1] R. Rhees, *Ludwig Wittgenstein: Personal Recollections* (Oxford,1981), p. 158.

[2] M. Amis, *Koda the Dread: Laughter and Twenty Million* (London, 2002), p. 21.

六　回归剑桥与哲学：1929—1939

认为其结果"毫无价值""讨厌和做作"，并放弃了。接着他开始该书的新版，如前面提到的，其后来成了《哲学研究》的重要组成部分。挪威再次被证明是适合于他做严肃哲学研究的环境，同时也是他闭门思过的好地方。由于感觉道德堕落，他写了一篇非常个性化的忏悔，在朋友和家人中散发。这些人中有斯金纳、摩尔、德鲁里、恩格尔曼和帕斯卡尔。我们不知道这篇忏悔的内容究竟是什么，因为他的大多数亲密朋友从未披露过。我们从帕斯卡尔那里得知，维特根斯坦于中否认他的犹太性，不承认在任教师时体罚学生。据另一个消息来源，他还谈到性问题。

除了去维也纳和剑桥的几次访问外，维特根斯坦在1937年圣诞前一直待在挪威。维特根斯坦的几次挪威之行总是环绕一种浪漫传奇的光环，[1] 而实际上他在挪威的逗留总是伴随着孤独和绝望。这一次尤其如此。一想到独自一人住在那个小房子里，他就感到害怕，以至于有一段时间他住在安娜·莱布尼的家里。这是一位自战前就相识的年老女人。这种焦虑再次使他有理由对自己的伦理立场进行反思。他的

---

[1] 见 K. S. Johannessen, R. Larsen and K. O. Amas, *Wittgenstein and Norway* (Oslo, 1994)。

印象是，虽然刚刚在去年写了个人忏悔，但此时他又失去自控了。他感到虚弱、寒酸、沮丧，把自己的生活看作一个问题。用福楼拜的话说，他的生活并非是真实的。这使得他再次反思宗教信仰。这一次他说自己是无宗教信仰的，因为"一个生活正常的人不会把生活问题体验为悲伤"。他承认不懂基督教信仰。1937年2月他写道："我来坦白这一点：难过的一天过后，晚餐时我跪下祈祷，突然跪下，眼望上苍：'这里没有人。'我感到轻松了许多，仿佛就某一重大问题突然开了窍。"[1]

这段话可以视为他宗教态度的转折点。显然，以前岁月里的那股宗教热情已经消失了。如他后来谈到天主教的朋友们时所说："我不可能去相信他们所相信的一切。"在严格意义上，他也许不再信奉宗教了。但在某种意义上，他内心里仍然有宗教的因素。毕竟，他意识到自己过着一种罪过和悲伤的生活。在早期的"伦理学讲座"中，他就把这种意识描述为三种基本宗教体验之一。他仍然有机会喜欢基督教信仰。对此，1937年12月的一则日记有过精彩的记录。他乘船从肖伦回贝尔根（Bergen），在船上读《圣经》时，在《哥

---

[1] MS 183, 1937年2月19日。

六 回归剑桥与哲学：1929—1939

林多前书》12：3中他看到这样一段话："若不是被圣灵感动的，也没有人能说耶稣是主的。"他同意这个说法，因为他感到说耶稣是主在判断上对他是毫无意义的，他写道：

> 是什么使得连我都要相信基督的复活了？我开始玩这个想法的游戏。——如果他没有起死回生，那他就和每一个人一样腐烂在坟里。他死了，腐烂了。在那种情况下，他是教师，和其他任何人一样，无能为力；我们再次变成孤儿，孤立无助。而且不得不使用智慧和思辨。那就仿佛我们在地狱里，我们只能梦想，与天堂隔绝，仿佛被屋顶遮盖着。但是如果我想真的得到救赎，我需要确定性——不是智慧、梦想、思辨——而这种确定性就是信仰。而信仰之所以是信仰，就在于它是我的心、我的灵魂所需要的，而不是我的思辨理智。因为我的灵魂及其激情，仿佛与其血肉一般，必须得到救赎，而不是我的抽象心智。也许有人会说：只有爱才相信复活。[1]

维特根斯坦对信仰的态度从现在起将是矛盾的，不是

---

[1] MS 120，1937年12月12日。

信徒的信仰，但也不是无神论者的信仰。它有时更多的是在探索，实际上是哲学态度。关于不可言说的和超验的东西的一切言论（如言说与展示之间的区别）他都放下了，不再从神秘主义者的内在视角说话了，他现在能够正确看待宗教本身，宗教在人类生活中的作用，宗教信仰在人民生活中扮演的角色。这种明确的人类学立场在他 1938 年回到剑桥后所做的三次讲座中极为明显。我们对这些讲座的了解仅仅基于学生的笔记，而即便如此，这些笔记也足见维特根斯坦对始终思考的一个话题的深度理解，尽管他很少把这些理解写出来。[1] 在这些讲座中，他开始为宗教辩护，抵制现代对宗教的抨击，尤其是科学对宗教的抨击。宗教从根本上不同于科学，因此不对科学构成竞争。尤其是宗教的表达都不是经验的表达或与科学表达相对立的关于现（来）世的理论。它们不是基于证据提出的，比如关于银河的假设，因此，像无神论者和有些神学家那样将其与科学相提并论就是极其荒谬的。物理学家不承认上帝的存在或基督教关于复活的教义，这是因为没有这方面的证据，而神学家接受上帝存在的说法

---

[1] 关于这些讲座，见 L. Wittgenstein, *Lectures and Conversations on Aesthetics, Psychology and Religious Belief* (Oxford, 1966)。

六 回归剑桥与哲学:1929—1939

仅仅依据假设的证据(甚或"实例"),这也是极其荒谬的。相反,宗教信仰,关于"上帝""复活""罪孽"等观念不具有任何理论功能,它们仅仅把原始生活具象化,在这个意义上,它们就是次要的。"你说出的词语或你以为你说出的什么话并不是重要的,就如同在你生活中的不同点上它们都是不同的,……实践给这些词语以意义。"[1] 宗教陈述是对生活整体的一种态度,比如罪过感,只是在相关于某种形式的生活、某种生存经验时才有意义。请注意,宗教陈述现在被说成具有某种意义了。而在其早期哲学中宗教则是毫无意义的。"一个宗教问题要么是生死问题,要么就是(空洞的)胡言乱语。人们会说,这种语言游戏只能涉及生死问题。就像'嗷嗷'的叫声只是作为痛苦的呼喊时才有意义。"[2] 一个信徒说:"将有世界末日,这就是我被审判之时。"这与气象员预告的明天将有雨并不相同,那就像一个人在熊熊烈火中求救的呼喊。他的行为不会经过慎重的推理再形成假设(比如,大火过去曾经伤害过我。眼前是大火。因此这场大火将伤害我,等等)[3]。由于它们不是建基于意见和假设,因此

---

[1] Wittgenstein, *Culture and Value*, p. 85e.

[2] Wittgenstein, *Public and Private Occasions*, p. 211.

[3] Wittgenstein, *Lectures and Conversations*, p. 56.

没有对错之分，信徒们既不理性也不非理性。

> 考虑一下某人在极度痛苦之中，说体内正有特殊的情况发生，大喊着："走开！走开！"即便他不希望谁走开——你能说"这些话用得不对"吗？没有人会说不对。同样，如果他做个"防御"的姿势，或跪倒在地或合着双手，人们不会合理地宣布这些是错误的动作。在这种场合这就是他所做的。这里没有什么"错误"可言。……将此应用于祈祷者。你怎么能说他必须握着双手祈求，他是错误的或陷入了幻觉呢？ [1]

维特根斯坦的宗教思考产生了几个重要结果：一个是没有必要证明上帝的存在，因为关于上帝的陈述既不是理论也不是认知。另一个结果是科学陈述与宗教陈述之间的根本区别，这意味着科学家与宗教信徒之间不会有对话。宗教话语是根本性的、不可推断的，因此与科学话语不相容。（这意味着一个科学家也可以信奉宗教。）由此推知，不会有关于宗教的科学，不会有根据其他因素，如性爱（弗洛伊德）、

---

[1] Wittgenstein, *Public and Private Occasions*, p. 203.

六　回归剑桥与哲学：1929—1939

社会（马克思）或进化（达尔文）等因素来科学地解释宗教信仰。我们能够和应该做的一切就是描述宗教生活，而不是解释它。维特根斯坦对宗教的理解与当代的种种不厌其烦的解释针锋相对，比如当下基于"大脑扫描"的时髦的神经科学理论。这与 20 世纪初出现的对宗教本质的其他非推导性研究相似，如鲁道夫·奥托（Rudolf Otto）或密尔塞·伊利亚德（Mircea Eliade）的宗教现象学。最后但并非不重要的是，仅就宗教陈述的非理论性，人们不能用理性话语强制别人相信这些陈述。那么，怎么才能让一个人相信宗教教义呢？对此，维特根斯坦并没有表达任何本质的内容，实际上他自以为自己是一个不可知论者：

> 假定有人问："你信什么，维特根斯坦？你是怀疑论者吗？你知道你能否不死吗？"我真的会说："无可奉告。我不知道。"而这是事实，因为我在说话时还没想清楚我在说什么，"我不停止存在。"等等。[1]

然而，我们在他生命即将结束时所写的日记中发现了下

---

[1]　Wittgenstein, *Lectures and Conversations*, p. 70.

面这段令人着迷的话:

> 生活可以教导一个人相信上帝。经验也能做到这一点。但我说的不是幻觉和其他向我们展示"此存在者存在"的感觉经验形式,而是各种痛苦。这些痛苦不是像感觉、印象向我们展示某个物体那样向我们展示上帝,也不会让我们产生关于上帝的猜想。经验、思想——生活将把这个概念强加于我们。[1]

于是,也许是"生活"本身让你成为信徒的。维特根斯坦晚年并没有说生活教他信仰上帝。但是,他继续认真对待宗教,偶尔也做做祷告。如对德鲁里坦言的:"我不是宗教信徒,但我禁不住从宗教角度看待每一个问题。"[2]

---

[1] Wittgenstein, *Culture and Value*, p. 86e.

[2] M. Drury, "Conversations with Wittgenstein", in Rhees, *Ludwig Wittgenstein*, p. 79.

七 教授职位与战后岁月：1939—1947

整个20世纪30年代希特勒和德国纳粹的兴起，让甚至像维特根斯坦这种完全非政治人士都不能等闲视之。如乔治·汤普森所指出的，维特根斯坦在20世纪30年代始终都保持着政治警惕性，至少他此前"活在失业和法西斯主义的恶魔以及越来越逼近的战争危险之中"[1]。但是，逐渐压在欧洲文明上空的乌云对他来说并不与其个人利益相关。不管怎样，在当时的日记中他没有怎么提及纳粹。但是，1938年局势急转，他的祖国奥地利被德国兼并。前一年结束的时候，维特根斯坦如往年一样，于圣诞节期间回维也纳探望家人。全家人围着圣诞树，唱着奥地利国歌，如赫米内后来回忆说，感觉那是"最美妙的圣诞节"[2]。这也是他们在一起

---

[1]　R. Monk, *Ludwig Wittgenstein: The Duty of Genius* (London, 1990), p. 343.
[2]　同上，P. 386。

过的最后一个圣诞节。维特根斯坦去探望他以前的学生德鲁里,德鲁里在都柏林接受精神分析师训练(在维特根斯坦劝他离开剑桥之后)。维特根斯坦对德鲁里的工作非常感兴趣,他每星期可以与几个患精神疾病的病人谈话。在都柏林,他焦急地关注奥地利局势的发展,每天晚上都向德鲁里打听消息。他也与路德维希·汉塞尔通信,汉塞尔向他详细描述了奥地利的政治局势,告诉他"[奥地利]纳粹的胜利联盟"已经占据了整个国家。1938年3月12日,德鲁里告诉维特根斯坦德奥已经合并。维特根斯坦及其家人现在已经不是奥地利人,而是德国人了,确切说是德国犹太人了,因此必须服从种族主义的纽伦堡法(Nuremberg Laws)。维特根斯坦当天在日记中写道:"我所听到的关于奥地利的消息让我心烦。不知道该做什么。是不是要去维也纳。"几天后,考虑到各种内在和外在困境,包括他自己的犹太出身,以及要有一个犹太人身份证,他写道:

> 我现在处于一种极难的环境之中。……我已经成为德国公民。那对我来说是可怕的,因为我现在服从于我一点都不承认的权力。德国公民权就像一块热铁,走到哪里都得带着……现在,一个犹太身份证与旧的奥地

七 教授职位与战后岁月：1939—1947

利护照之间有什么区别？为什么是这个，而不是那个在口袋里燃烧？是因为它在奥地利有污点吗？你与家人住在奥地利，丝毫没有感觉到那污点的存在。在国外也同样。尽管如此，我还是感觉到这种联系将成为我永久的负担。部分原因是我的情况没有得到清楚的说明……但也由于我无法在奥地利工作，而我必须工作才能活着，我的意思是：保持冷静……但人们会说："为什么不为了家人而忍受这一切？"在奥地利可能受监禁、失业、与最亲密的朋友分离，失去自由前的焦躁不安，扭曲地转向各个不同方向？为什么不设身处地想想？我怎么能设身处地去想这个？我害怕，我无法采取这样的立场。[1]

然而，他给家人写信说要来维也纳。他还考虑改变国籍，写信给剑桥的皮耶罗·斯拉法征求意见。斯拉法力劝他"不要去维也纳"，因为他可能不会被允许再出境。幸运的是，维特根斯坦同意了。几天后，他决定放弃奥地利公民权，接受从现在起的移民身份。"但是一想到要抛弃我的人

---

[1] MS 120, 1938 年 3 月 14 日。维特根斯坦实际上不是德国公民，因为恰恰是纽伦堡法剥夺了德国犹太人的公民权。他是纳粹法所说的"民族党"（national）以对立于"第三帝国公民"。

民就感到可怕。"[1] 在斯拉法的建议下,他首先申请大学的永久职位,并请凯恩斯支持:

> 获得英国公民权的想法以前曾经有过;但我总是以这样的理由来拒绝:我不想成为假英国人(我想你应该明白我在说什么)。现在形势对我来说完全变了。现在我必须在两个新国籍之间做出选择,一个剥夺了我的一切,而另一个至少能让我在一个国家里工作,我成年的大半生一直在这个国家进进出出,交了最好的朋友,做出了最好的成就。[2]

在凯恩斯的帮助下,维特根斯坦被授予大学教职。接着他开始申请国籍,仅仅一年以后,1939年6月,他就获得了英国国籍。现在他更加担心家人了。因为在纳粹当局眼里,维特根斯坦的祖父们只有一个是"雅利安人",路德维希及其后代都被视为犹太人。最初家里人还就其种族状况提出申诉,证明至少还有一位祖父是"雅利安人",但失败

---

[1] MS 120, 1938年3月16日。

[2] 1938年3月18日给凯恩斯的信:L. Wittgenstein, *Cambridge Letters*, ed. B. McGuiness and G. H. Von Wright (Oxford, 1995)。

七 教授职位与战后岁月：1939—1947

了。保罗·维特根斯坦最后离开奥地利，在纽约定居。玛格丽特此时已经和丈夫定居美国了。但赫米内和海伦妮拒绝离开祖国，坚持到最后。在玛格丽特的帮助下，她们拿到假的南斯拉夫护照，到了瑞士，但三姐妹不久就被捕了，在监狱里度过了几个晚上。幸运的是，在最后审判中，她们都被撤诉了。但是，当维特根斯坦家与纳粹做了一笔金钱交易的时候，危险实际上才刚刚开始。作为犹太人，他们被迫把不动产都签署给帝国银行。但由于大多数财产都已经抵押给美国基金银行，纳粹需要家里人的协助才能拿到这笔钱。1939年8月谈判结束。赫尔曼·克里斯蒂安·维特根斯坦被宣布有"德国血统"，这就使其孙儿们，包括维特根斯坦和他的姐姐们，都成了一级混血儿。如果她们与一个犹太人结婚，就会失去这个身份，但是她们很快就被排除了这个条件。作为反馈，维特根斯坦家把1.7吨黄金送给纳粹政府，这相当于当时整个奥地利黄金储存量的百分之二。在此期间为家人担忧的路德维希参与了谈判，一拿到英国护照就去柏林、维也纳，甚至到纽约去帮助促成了这笔交易。人们不清楚这笔交易的伦理含义是什么。一大笔财产送给了纳粹机器，它将很快就用这笔财产令数百万人丧生，而这两个女人却仅仅是为了满足"住在奥地利这个变态的欲望"。而坚决反对非伦理性妥协的维特根斯坦又是怎么证明这笔交易的合理性的呢？然而，他反对妥协主要是针对自己的生活。这里牵涉的是别人的生活，对她们的行为他无法控制。他是相对后期才参与谈判的，此时两个姐姐已经决定留在奥地利，并与纳粹达成妥协。他没有反对她们的决定，哥哥保罗则不同意（这导致了严重的家庭纠纷），但主要责任仍然是姐妹俩的。此外，20世纪30年代末，尽管希特勒政权已经明显具有独裁性质，但战争和大屠杀还没有发生。而即便发生了，在相同情况下，有谁不会像他那样做呢？谁不会拿出大量财产来拯救两个至亲呢？与纳粹的交易的确涉及道德困境，但道德的号角是直接从地狱里吹响的。

虽然为家人担忧，维特根斯坦在1938年回到剑桥之后还继续哲学研究。夏天，他准备把在挪威写的资料整理发表，以《哲学言论》为题给了剑桥大学出版社。这就是《哲学研究》的最早版本。这个版本原打算是双语的，即原文德文和他的学生拉什·里斯提供的英文译文。一个月后，维特根斯坦从剑桥大学出版社撤回稿子，原因是不满于内容和里斯的翻译。其实，因为他越来越不满于这样一个事实——1929年以后，与他的新哲学相关的一些观点已经由他的同事和学生们以打折扣的方式逐渐传播开来——所以才想要将其

七 教授职位与战后岁月:1939—1947

公开发表。1932 年,他在给施利克的信中谴责鲁道夫·卡纳普剽窃他的思想,而且并非完全没有证据,但其方式太过凶恶。1933 年,他写了一封愤怒的信给《心智》(*Mind*)杂志,抗议理查德·布雷思韦特在一篇相当平淡的文章里不准确描述了他的观点。1935 年,一个颇有才华的学生艾丽斯·安布罗斯激怒了他,因为她决定发表一篇文章,总结他的数学哲学。他竭力劝她不要发表,但是,她和《心智》的编辑 G. E. 摩尔拒绝了他,维特根斯坦辞掉了安布罗斯博士生指导教师的职务,与她断绝了一切往来。[1]

然而,里斯的翻译并非一无是处。1939 年年初,维特根斯坦申请刚刚由于摩尔离任而空缺的哲学系主任职位,并呈交这个译本作为他研究成果的表征。他确信自己不会入选,因为牛津大学哲学家 R. G. 科林伍德(R. G. Collingwood)就在选举委员会里。维特根斯坦怀疑他对自己抱有敌意。但是,就个人而言也不喜欢维特根斯坦的 C. D. 布罗德(C. D. Broad)当场说话了:"拒绝维特根斯坦做哲学系主任就等于拒绝爱因斯坦当物理系主任。"这话显然令维特根斯坦惊喜

---

[1] 安布罗斯依然忠实于维特根斯坦的哲学,发表了另几篇论维特根斯坦数学哲学的文章,直到今天,这些文章仍然是对其相关思想的权威描述。见 A. Ambrose, *Essays in Analysis* (London, 1966)。

万分。[1] 1939 年 2 月 11 日他被评选为教授。这对于学院哲学家来说乃是最高的职位了（没有拿到这个职位的其他伟大的思想家，有叔本华和弗雷格等）。但此职位对维特根斯坦来说无足轻重："得到这个教授职位是件值得炫耀的事，但对我来说得到一个开关大门的工作似乎要更好些。我并不因为这个职位而激动（除了有时满足我的虚荣心和愚蠢外）。"[2] 这个职位他一直做到 1947 年。

他的教授课程最初是数学哲学（1976 年发表），这是他在整个战争期间几乎专门研究的一个话题。一年以后，1940 年，他开始就《哲学研究》和美学开办研讨班。如在他论宗教信仰的讲座中一样，在关于美学的讨论中他反对盲目崇拜"科学和科学家"。

> 你可以认为美学是一门关于美的科学——用词语表达出来几乎太可笑。我认为还要包括咖啡的味道……一旦我们更加先进，一切——艺术的全部神秘性——将通

---

[1] R. Rhees, ed., *Ludwig Wittgenstein: Personal Recollections* (Oxford, 1981), p. 156.

[2] 1938 年 3 月 27 日给埃克尔斯的信；*Ludwig Wittgenstein: Briefwechsel* (Innsbruck, 2004)。

七　教授职位与战后岁月：1939—1947

过心理学实验而得到理解。这个想法虽然极其愚蠢，但大体如此。[1]

科学实验能给我们提供人们如何对待美的数据，但这种实验并不说明什么是美，人们何以发现美。原因与动机之间的区别也一样。如果在法庭上我被问："你为什么杀这个人？"适当的回答应该是杀人的动机，比如，那个人在玩扑克牌时出老千。与我作案时大脑或身体的内在机制相关的回答完全被忽视了。（如果我幸运的话，法庭不会以为我在藐视他们！）同样，当有人问我"你为什么觉得这首十四行诗美，这个赋格开头很特别，这尊雕像可敬可畏等"，如果回答说是"因为这个或那个大脑程序"，或者说"百分之七十的家人都这么认为"，人家会以为我在嘲弄他们呢。但怎么来定义审美欣赏呢？维特根斯坦的回答标志着他后期哲学的精髓：不要假设一定会有关于这个问题的独一无二的答案。审美欣赏是一个非常复杂的现象，维特根斯坦这样认为，实际上还不止一个现象，而是"极度复杂的家族案例"。诚然，在后期日

---

[1]　L. Wittgenstein, *Lectures and Conversations on Aesthetics, Psychology and Religious Belief* (Oxford, 1966), p. 11, 17.

记中维特根斯坦的确想要表明艺术的独一无二的,至少是核心的特征:"我们可以说:'艺术向我们展示了自然的奇迹。'艺术是基于自然奇迹这个概念之上的。"[1] 但在讲座中,维特根斯坦却比较谨慎:艺术是不能仅有一个定义的,因为没有哪个单一特征能统一为我们的全部审美经验,或我们视为艺术品的所有东西。因此,不存在把一切都涵盖在一般法则和因果解释之下的艺术理论。我们需要的美学不是理论和解释,而是(同情的)描述。

> 我们称词语为审美判断的表达,在我们称之为一个时期的文化中其作用非常复杂,但又非常确定。要描述其作用,或描述你所说的文化审美力,你必须得描述一种文化。我们现在所说的一种有修养的审美力也许在中世纪并不存在。人们在不同的时代里进行一种完全不同的游戏。属于一种语言游戏的东西是一整个文化。[2]

到 1940 年,第二次世界大战已经在进行,现已是英国公民的维特根斯坦急于参加某种形式的战事。他对封闭的学

---

[1] L. Wittgenstein, *Culture and Value* (Oxford, 1980), p. 56e.

[2] Wittgenstein, *Lectures and Conversations*, p. 8.

七　教授职位与战后岁月：1939—1947

术生活忍无可忍，比以往任何时候都感到恐惧。几年来，他一直是吉尔伯特·赖尔（Gilbert Ryle, 1900—1976）的朋友，这位哲学家与维特根斯坦在观点上有许多相同点，后来成为牛津大学最著名的思想家之一，《心智》的编辑。吉尔伯特·赖尔把维特根斯坦介绍给弟弟约翰·赖尔（John Ryle），剑桥大学的医学教授，但约翰·赖尔此时在伦敦的古邑医院（Guy's Hospital）工作。维特根斯坦对约翰·赖尔说："我感到如果继续（在剑桥）待下去我会死的。我宁愿选一个机会快点死。"[1] 如在第一次世界大战中一样，他希望被放在"炮弹落下的地方"。古老的意志是在巨大的危险面前感到自己还活着，在死亡面前从怠惰和沮丧中走出来。但维特根斯坦也有对新的祖国的真诚关怀，如他对德鲁里所说：

> 你常常听我说起不喜欢英国生活的许多方面。但现在英国处于真正的危险之中，我意识到我该有多么爱她呀！又是多么不愿意看到她被毁掉！我常常对自己说征服者威廉做了一笔大买卖。[2]

---

[1]　Monk, *Ludwig Wittgenstein*, p. 431.
[2]　Rhees, *Ludwig Wittgenstein*, p. 159.

1941年9月，维特根斯坦开始在古邑医院做药房搬运工，那是首都常常遭空袭的地方。然而，曾有一段时间，他继续在剑桥教学，周末私下里教书。他要在伦敦匿名工作的愿望受人尊敬，尽管大多数工作人员都知道他是谁，都称他为"维特根斯坦教授"。他的工资是每周二十八先令（相当于今天的四十六镑），是他在剑桥当教授几百镑的一小部分，他的主要任务是向病房投递药品，尽管他劝病人不要吃这些药品。一个合作工人还记得："在这里工作三个星期后，他来告诉我们该怎样管理这个地方。你看他是一个惯于思考的人。"[1] 不久他就被调到生产部当实验室助理，他在那里的责任之一是混制治皮肤的油膏，他对此非常擅长。

总体来说，他在医院的这段时间并没有发脾气。他五十二岁了，感到老了，无力气了。此外，1941年弗朗西斯的死令他心碎。他交了几个朋友，包括约翰·赖尔及其妻子米丽娅姆（Miriam），夫妻二人曾带他去萨塞克斯（Sussex）的家里度周末。1942年4月，他摘除了胆结石，他曾为此痛苦了多年。手术期间赖尔握着他的手——一个特殊的事件，因为维特根斯坦不信任外科医生，拒绝全身麻醉，并在专门

---

[1] Monk, *Ludwig Wittgenstein*, p. 433.

七 教授职位与战后岁月：1939—1947

为他安置的镜子里观看了手术全过程。在医院里，维特根斯坦还结交了罗伊·弗拉克尔（Roy Fouracre），是搬运部的一位同事。弗拉克尔是来自哈克尼区（Hackney）的朴素幽默的年轻人，能使维特根斯坦安静下来。当维特根斯坦激动的时候，弗拉克尔会说："沉着，教授。"如与吉尔伯特·帕蒂森一样，他们之间的友谊没有知识的成分。然而，或许正因为如此，"教授"与弗拉克尔的友谊才保持到他生命的结束，当这位年轻人被派到远东前线时，维特根斯坦给他写了许多轻松的信，敦促他一定要来这里的"院子里拉家常"。在医院里，他还遇到了内奥米·威尔金森（Naomi Wilkinson），是赖尔夫妇的远亲，他曾组织过留声机朗诵会，维特根斯坦兴致勃勃地参加了朗诵。

恰好在医院期间，维特根斯坦开始忙于对弗洛伊德心理学的深度研究。在 1942—1946 年间，他与拉什·里斯就弗洛伊德进行了几次讨论，拉什·里斯做了大量笔记。[1] 这并不是他第一次接触精神分析学。他不仅从姐姐玛格丽特那里了解了弗洛伊德，而且他在 1938 年的美学讲座上也讨论过精神分析学。他对弗洛伊德的一些实践性工作表示赞赏，认为

---

[1] 见 Wittgenstein, *Lectures and Conversations*。

很有启发,比如,弗洛伊德在《笑话及其与无意识的关系》(*Jokes and Their Relation to the Unconscious*,1905)一文中对笑话的想象性阐释。但他对弗洛伊德理论的态度则是高度批判的。他不仅不同意弗洛伊德教条地把梦归结为纯粹的性内容,还拒不接受其阐释的基本原则,即把隐在的因果机制置于人类的心理之中。在他看来,人们认为弗洛伊德的无意识"理论"如此合理的主要原因在于我们文化中对科学的偶像式崇拜,也就是科学思维的压倒一切的吸引力,让我们把一切都归结为因果关系。在做这样的推导时,人们以为发现了事物的"真相"。梦"真的"是被压抑的性欲望吗?行动"真的"是由童年经验引起的吗?人们闲聊"真的"是由于性欲未能实现吗?如此等等。强调事物的"真相"给个人以力量,使人感到自己是在破坏其他更加天真之人的偏见。如维特根斯坦所说:"破坏偏见是迷人的。"[1] 在与拉什·里斯的谈话中,他再次强调他在弗洛伊德著作中发现的迷人的地方,如对梦的某些解释,或希腊悲剧才具有的阐释人生所发生的治疗、自愈效果。

---

[1] 见 Wittgenstein, *Lectures and Conversations*, p. 24。

七 教授职位与战后岁月：1939—1947

许多人在生命的某一阶段都会遇到大麻烦——如此严重以至于会想到自杀。这些大麻烦在一些人看来完全可能是令人不愉快的事，太肮脏以至于不能成为悲剧的主题。而且，如果能够证明一个人的一生采纳了悲剧的模式——由原始场景所决定的一种模式的悲剧式呈现和重复，那将是无限的宽慰。[1]

但是，维特根斯坦也强调接受任何关于人类灵魂"真相"的死板的解释的巨大危险性。弗洛伊德声称他的理论是科学的，但维特根斯坦认为那是伪科学，至多是前科学。精神分析学实际上是基于自由联想通过思辨而使现象具有意义——这是科学假设形成之前所采用的一种方法。通过自由联想，人们总能发现任何一种现象的潜在意义，而不仅仅是梦里的。比如一张桌子上随便放了一些物品，有纸张、笔、杯子、电话、一些书和一些激光唱片。没有一件是在梦中放在那里的。现在集中精神想一想你生活中具有最重要意义的一些问题，你不难把桌上的一些物体与某种模式联系起来，并发现这种摆放可以看作对你的问题的视觉化或阐释。占星

---

[1] 见 Wittgenstein, *Lectures and Conversations*, p. 51。

术或对茶叶的解读就是以这种"方法"为基础的。但这种创造模式的阐释并不证明什么,尤其不能证明事物的"现实"。我们没有给出桌上的物体何以相关联的科学解释,只是通过把每一件物体放入固定格式里而强行讲述一个故事。这种活动无异于神话的创造。实际上,维特根斯坦挑战说,弗洛伊德的故事不是科学解释,而是新神话。[1] 他写道:

> 弗洛伊德认为焦虑总是以某种方式重复我们出生时感到的焦虑。他并未依据证据来建构这一理论——因为他无法做到。但这个观点的魅力……只有神学解释才拥有,这些解释认为一切都是以前发生过的某事的重复。……无意识的观念亦如此。弗洛伊德的确声称要在所分析的记忆中找到证据。但在某一特定阶段,很难说清楚这些记忆是不是分析者的。无论如何,它们证明焦虑必然是原始焦虑的重复了吗?[2]
>
> 弗洛伊德用他那奇异的伪解释进行了一次了不起的破坏性服务(恰恰由于其独特性)。(现在任何人都可以

---

[1] 见 Wittgenstein, *Lectures and Conversations*, p. 51。
[2] 同上,p. 43。

七　教授职位与战后岁月：1939—1947

用这些图景来"解释"疾病的症状。）[1]

在古邑医院，维特根斯坦认识了两位医生，巴兹尔·里夫（Basil Reeve）和 R. T. 格兰特（R. T. Grant），他们在做所谓的伤痛研究（或创伤研究），往往基于对无数空袭造成的死伤人员家属的观察。由于不能对这个概念予以准确的临床定义，这两位医生建议彻底抛弃"伤痛研究"，而仅仅尽可能细致地记录各种伤痛的症状。维特根斯坦对这个方法非常感兴趣，因为这明显与赫兹在《机械学原理》中表达的思想有许多相似之处，这是他青年时非常欣赏的一部书，书中说道，如果我们去掉有问题的力的观念，"我们的心智……就不会再提出不合法的问题"（见本书第二章）。这个研究小组搬到纽卡斯尔（Newcastle）时，他们给维特根斯坦提供了实验室助理的职位，这不仅薪酬优厚，而且给他提供了进行知识上更加有趣的研究的机会。

---

[1]　MS 133, 1946 年 10 月 31 日。确实，大约在这个时候，维特根斯坦还说他自己的哲学相近于精神分析学。但二者间的相似性不应过分强调。见 P. Hacker, "Gordon Baker's Late Interpretation of Wittgenstein", in *Wittgenstein and His Interpreters*, ed. G. Kahane, E. Kanterian and O. Kuusela (Oxford, 2007). 关于维特根斯坦论弗洛伊德，见 J. Bouveresse, *Wittgenstein Reads Freud: The Myth of the Unconscious* (Princeton, NJ, 1995)。

维特根斯坦于 1943 年 4 月转到纽卡斯尔，在那里待到 1944 年 2 月。如在其他地方一样，他也在那里留下了印记。一位秘书仍然记得，维特根斯坦并非顺利地融入这个狭隘的社会环境中。早上，他下楼来吃早饭时情绪很好，愿意闲聊，而英国同事则读报纸，不说话。对比之下，当英国同事们共进晚餐时，他则在自己的房间里独自用餐。"维特根斯坦教授很难找到生活的处所，因为他带点外国口音，看起来有点寒酸，说他是个教授，女房东们都表示怀疑。"[1] 他唯一的朋友是里夫医生。然而，虽然他不善社交，但研究却很成功。他不仅发明了记录脉搏及呼吸深度和速度的一项改进技术，还参与了伤痛报告中所做的概念区分，这是这项研究的最终成果（1951 年发表）。那件仪器已经丢失，但维特根斯坦的贡献已经记入格兰特医生的报告：

> 他具有敏锐的批判精神，在医学和病理学的讨论中被证明是一位最有益和激励性的同事。他对人的血压、呼吸变化进行了观察，设计了自己的实验和机器。他的

---

[1] 海伦·安德鲁斯（Helen Andrews）对雷·蒙克如是说。见 Monk, *Ludwig Wittgenstein*, pp. 449-450。

七 教授职位与战后岁月：1939—1947

研究结果迄今为止仍区别于众所公认的观点，并具有相当大的意义。[1]

在纽卡斯尔，维特根斯坦几乎没有做什么哲学研究，那使他越来越沮丧。他的主要目的依然是完成和发表自 1929 年回归哲学后一直进行的那本书。这本书已经过了多次修改，手稿、打字稿已经堆积如山，但没有令他满意的。1943 年 9 月，在编撰另一份打字稿之后，维特根斯坦再次去找剑桥大学出版社，这次计划是把这本新书与《逻辑哲学论》一起出版，书名叫《逻辑哲学论的哲学研究》(*Philosophical Investigations of the Tractatus-Logico Philosophicus*)。这样做的理由是：用这种方法，他的新思想"将鲜明地对立于我以前的思维方式的背景"，他在前言中如是说。1944 年 1 月出版商接受了这一版本，但维特根斯坦如此不满意以至于很快就撤回了稿件。出版这本书的想法是在前一年产生的，他当时在与语文学家尼古拉·巴赫京，也就是著名的马克思主义哲学家米哈伊尔·巴赫京（Mikhail Bakhtin）的弟弟，一起重读他的前一本书。尼古拉是俄国贵族出身，俄国革命期间

---

[1] N. Bachtin, *Lectures and Essays* (Birmingham, 1963).

曾参加白军，但在英国却成为一个坚定的共产主义者，同时又保持其天主教信仰。维特根斯坦为什么要重读《逻辑哲学论》，原因不得而知，也许是因为他觉得与一位非哲学家讨论他的思想会更有益处。此外，巴赫京生性活泼，维特根斯坦喜欢他，恰恰因为他们两人如此不同。这位哲学家"一看到巴赫京就非同寻常地高兴快乐，从未像抛弃别人那样轻易地抛弃他"[1]。他们甚至还有一些认识上的亲和点。巴赫京疯狂地反对整一性和一般性，他称其为"抽象思想的暴政和生活的教条"，认为那是柏拉图哲学的体现，他赞成亚里士多德的多元区分，"形状和性质的不断变换"，这恰好迎合了维特根斯坦新的哲学方向。[2] 然而，如伊格尔顿所为，声称维特根斯坦的思想通过与尼古拉的亲和性而与米哈伊尔·巴赫京的马克思主义美学相关的话，就势必忽视了维特根斯坦与马克思主义思想之间微妙的和并非如此微妙的差别。[3] 与原始人一样，我们更倾向于说"所有这些事物，虽然看起来不同，实际上都是相同的"，而不是说，"所有这些事物，虽

---

[1] Rhees, *Ludwig Wittgenstein*, p. 28.

[2] 见其文章："Aristotle versus Plato" in Bachtin, *Lectures and Essays*。

[3] 见 T. Eagleton, "Wittgenstein's Friends", *New Left Review*, I/35 (1982).

七 教授职位与战后岁月：1939—1947

然看起来相同，而实际上是不同的"。[1]

维特根斯坦于 1944 年 2 月离开纽卡斯尔，在剑桥逗留了一阵子后，去斯旺西与里斯同住，前两个夏天他也住在那里，以后的几年也去过几次。[2] 里斯在斯旺西教哲学。他曾经是维特根斯坦最喜欢的学生之一，现在则是他最亲密的朋友之一。里斯的妻子是荣格派（Jungian school）的精神分析学家。于是，维特根斯坦有了志同道合的同伴。他在斯旺西住了近半年。正是在这里他停止了数学哲学的研究，这是最初将他带入哲学领域、中途又使他回归哲学的一个话题，也是 1929 年以来他孜孜不倦地研究的一个话题（1929 年到 1944 年大约一半手稿都致力于此项研究）。现在他感兴趣于心理哲学（或心智哲学，如我们今天所称谓的），正是由于这一兴趣的转换，《哲学研究》的最后手稿才不包括任何数学哲学，而包括大量的心理哲学。[3]

---

[1] L. Wittgenstein, *Lectures on the Foundations of Mathematics, Cambridge, 1939* (Ithaca, NY, 1976), p. 15.

[2] 现在，当地的大学成立了维特根斯坦研究中心，并出版一本杂志《哲学研究》（*Philosophical Investigations*）以纪念这位哲学家。

[3] 也见死后发表的《谈谈心理哲学》（*Remarks on the Philosophy of Psychology*）和《心理哲学著述》（*Last Writings on the Philosophy of Psychology*），共四卷。

在斯旺西,维特根斯坦紧张地工作,在大学做讲座,交了几个当地朋友,发现与他们相处比与英格兰人相处更融洽。"气候糟透了,但我不喜欢在剑桥。……我感到常常想笑,当在街上散步,或看到孩子们时。"[1]他曾在当地几户人家下榻,包括在卫理公会(Methodist)的一个牧师家里,维特根斯坦曾取笑过这位牧师,说满屋子的书都不是为读而买的,而是为了给羊群留下深刻印象。当牧师问他是否信上帝时,维特根斯坦回答说:"是的,我信。但你信与我信之间的差异可能是无限的。"[2]另一件事把邻居的一个女儿也卷了进来,这个女孩与维特根斯坦关系很好。他监督她学习。一天,她哭着回家来,原来是因为考试不及格,维特根斯坦听到后,说:"他妈的!我们去看看怎么回事!"于是就愤怒地去找负责的老师。他对那位老师说:"我很惊讶你说她不及格,我可以对你的领导说她一定及格。"她真的就及格了。那老师重新检查了记录,发现记录有一处错了。[3]

1944年10月,维特根斯坦回到剑桥,再度讲课,主要是讲心理哲学,并继续写他的书。他又回到了三一学院的惠

---

[1] 1945年12月15日给马尔科姆的信。

[2] Monk, *Ludwig Wittgenstein*, p. 463.

[3] 同上。

七 教授职位与战后岁月：1939—1947

威尔旧宅。1944—1945年圣诞节，他在斯旺西度过，他一定感到自己到了劳作的终点，因为他在为仍未完成的书写最后一版的前言。他写道："在过去的十六年里，我一直忙于仓促的哲学研究。"接着又严肃地说："这项研究的命运，就其贫穷，就这个时代的黑暗，并非不可能给一个又一个大脑带来光明——但是，当然也并非可能。"

他还是不满于自己的工作。如在寄给诺曼·马尔科姆的信中所说："[这本书]可能会令你失望。而真实情况是：它相当糟糕。（如果我再修改一百年也不是没有本质上改善的可能。）"[1] 1945年的大部分时间维特根斯坦都在一遍又一遍查阅无数的手稿，挑选深入的言论，增加新的资料。我们现在所说的《哲学研究》的"第一部"的最后打字稿完成于1945—1946年，但甚至在那时，维特根斯坦本人还是不愿意发表，以后几年里他又增加了一些小的修改。

维特根斯坦暗示的"这个时代的黑暗"是无可争辩的：毕竟，他是在战争即将结束时写的前言，战争破坏了整个世界，仅平民死亡人数就达到了三千二百万。但维特根斯坦心里想的却不仅仅是战争，实际上，1945年8月战争就

---

[1] 1945年9月20日给马尔科姆的信，Wittgenstein, *Briefwechsel*。

杰作：维特根斯坦的《哲学研究》打字稿

结束了。他认为没有理由去庆祝胜利，他感到震惊的是"盟军在德国和日本的那种胜利者的兽性"。在战争期间他就写道："战争结束时情况会很糟，无论谁胜。当然，如果纳粹胜了，会非常糟。如果盟军胜了，也会虚伪得可怕。"[1] 停战后，他写道：

> 也许我应该感到得意忘形因为战争结束了。但我没有。我禁不住感到这个和平不过是休战。彻底消灭这次

---

[1] B. McGuinness, *Approaches to Wittgenstein: Collected Papers* (London, 2002), p. 51.

七 教授职位与战后岁月：1939—1947

战争的"侵略者"会使这个世界成为更好的生活地点，因为未来的战争当然只能由他们发动，这借口臭气熏天，实际上预示了可怕的未来。[1]

这完全可能是因为新闻报告了德国和奥地利的食物短缺，这使维特根斯坦对和平和盟军感到失望，如雷·蒙克所暗示的。[2] 当然，与轴心国在占领区所做的任何事情相比，盟军是无法比拟的一股人性力量，至少西方的盟军是如此。没有什么可怕的未来在等待西欧（和日本）。相反，美国很快就施行了马歇尔计划，把德国和奥地利引向民主和富有。一个非常虚伪和可怕的未来仅仅在等待着东欧，维特根斯坦的梦想国度苏维埃共和国正要推行铁腕统治。那么是什么促使他做出如此批评？与其说是因为刚刚发生过的事件，不如说是因为他对现代西方社会之前景的那种斯彭格勒式的悲观主义，以及科学技术的魔力，在他眼里，科学技术的到来可能标志着人类终结的开始。自 1929 年回归哲学之后，他越来越敌视科学主义，那种教条地把科学思维应用于每

---

[1] 1945 年 8 月 20 日给马尔科姆的信。

[2] Monk, *Ludwig Wittgenstein*, p. 480.

一个思想领域的做法，无论是语言、数学、心理学、宗教、人类学或美学。他曾致力于破坏对科学的这种多方面的盲目崇拜，试图表明这些学科的重要维度是科学理论的建构所不能达到的。因此，他的哲学所反对的不仅仅是特殊的哲学教条，实际上指向更大的潮流，如他在《哲学言论》的前言中所阐明的：

> 本书是写给那些与其精神志同道合的人的。这种精神不同于我们都立于其中的欧洲和美国文明的那股巨大潮流。那种精神在自行向前运动，在建造比以往更大的更复杂的结构；另一种精神则无论在什么结构中都努力追求清晰和明白。

但是，即便我们认同维特根斯坦的反对哲学和文化中对科学的一种夸张的渲染，他真的能够合理地证明他对整个西方文明的拒斥吗？包括其在政治、社会和技术上取得的成就？我们该怎么理解他下一则日记中表达的末日愿望呢？

> 人民大众现在所经历的或无论如何已经表达的对原子弹的歇斯底里式的恐惧几乎说明，真正令人敬佩的

七 教授职位与战后岁月：1939—1947

东西终于发明出来了。这种恐惧至少让人看到了一种真正有效的苦药……但是，也许这也是一个幼稚的想法。因为我所说的一切不过是原子弹提供了终结、毁灭邪恶——我们那令人作呕的、肥皂泡式的科学——的前景，但是谁能说这种毁灭之后又是什么呢？[1]

1945年，他与本·理查兹相遇时，这种忧郁的情绪开始消散了。理查兹是剑桥大学国王学院的一名学医学的学生，比维特根斯坦小三十五岁之多。本酷似弗朗西斯：仁慈、温和、帅气。维特根斯坦感到深深地爱上了他。自弗朗西斯之后，他生活中再没有其他人了，如果我们不算上基思·柯克（Keith Kirk）的话。柯克是弗朗西斯的一个工人阶级同事，1940年，维特根斯坦曾给他辅导过机械学和数学。维特根斯坦曾痴迷于柯克，但没有公开他的感情，也没有任何发展。但对于本，感情似乎是相互的，他们之间的关系也几经波折持续了几年的时间。[2] 仅就他感到年老衰弱这一点而言，这

---

[1] Wittgenstein, *Culture and Value*, pp. 48e-49e.

[2] 目前，维特根斯坦的日记是唯一的关于这段关系的消息来源。理查兹给维特根斯坦写的二十封信都藏在奥地利国家图书馆，但要等到2020年才对外开放。

一意料之外的情感爆发使他焕发青春,给他以灵感。他忘记了每日的焦虑,尤其是其学术职位上那些可怕的责任。本的爱无疑对于他非常宝贵,是一件"了不起的罕见礼品"和"一块罕见的宝石",他在日记中这样写道。但这爱也引出了新的麻烦,因为这使他又一次依赖于另一个人。他看起来比过去更难以承受爱的风险,稍有一些不确定,比如一封丢失的信,都会引起他的绝望和焦虑。

维特根斯坦与朋友本·理查兹在伦敦

七 教授职位与战后岁月：1939—1947

> 不安。没有 R. 的消息。我每天都在想，我应该对这损失采取正确的态度。似乎最可能的是他已经离开了我或将要离开我，在某种意义上，这是最自然不过的了。我感到应该让这一切顺其自然，我已经尽了最大努力，现在已经不是我所能控制的了。当一个人在想着另一个成熟之人的痛苦时，那才是真爱。因为他也在忍受着痛苦，也是一个可怜人。[1]

当时的日记记载着他痛苦的反思，使人想起他爱上玛格丽特·勒斯宾格的时候。"我极度沮丧。不知道我的整个未来。我与理查兹的爱情故事使我完全筋疲力尽。过去九个月来我沉浸其中，几近疯狂。"[2] 然而，值得注意的是，与他和弗朗西斯的关系不同，维特根斯坦对本的爱并没有良心的责备。雷·蒙克做了个极为有趣的推测，即维特根斯坦在战争期间改变了性爱态度。他在大半生中都恪守魏宁格对性与爱的严格区分。但到 1943 年，他不再认为性与爱是不相容的了，如德鲁里的插曲所暗示的。德鲁里曾去埃及的卢克索神

---

[1] MS 131, 1946 年 8 月 14 日。
[2] MS 130, 1946 年 7 月 22 日。

殿（Luxor Temple）观光，他向维特根斯坦描述这次旅行经历时，谈到一件描绘何鲁斯（Horus）的浅浮雕令他倍感惊奇，这个古老的天空之神的雕像上竟然有一个勃起的阳具。维特根斯坦的反应就是拒斥其含义，即对性爱的某种固有的厌恶。"世界上的人们为什么不应该对使人类得以繁衍的那个行为表示敬畏？并不是每一个宗教都必须采纳圣奥古斯丁对性的态度。"[1] 我们能否以此证明维特根斯坦真的改变了对性的态度？完全可以，但是因为我们并没有其他相似的插曲，所以这个证据似乎较弱。

但由于对本的爱，维特根斯坦现在发现剑桥的生活越来越难以忍受。"这个地方的一切都在拒斥我，"他在日记中写道，"人的僵化、做作和自满。大学的氛围令我窒息。"[2] 更普遍地说，他认为英国文明正在"分解和腐烂"。他现在感到更加孤独了。弗朗西斯、拉姆齐、凯因斯都已去世。而德鲁里、马尔科姆和里斯也离开了剑桥。至于罗素，他早就与其没有联系了，个人和哲学上都没有交往了。摩尔中了风，他妻子允许他与维特根斯坦谈话，但最多不超过一个半小

---

[1] Rhees, *Ludwig Wittgenstein*, p. 162; Monk, *Ludwig Wittgenstein*, pp. 453-454.

[2] MS 132, 1946 年 9 月 30 日。

时。这使维特根斯坦很生气。摩尔为什么不能像他一样想说多少就说多少?"如果他非常激动或疲惫,中了风死掉——唉,那不是一种体面的死法吗?靴子都不用脱。"[1]此外,维特根斯坦绝不相信他的教学会有任何好处。"我可能播下的唯一一颗种子就是某句行话。"他在一次讲座中说。这话中确有很大的真实性,因为维特根斯坦在剑桥周围总是有许多粉丝,何况现在又是最伟大的活着的哲学家。如吉尔伯特·赖尔所描述的他对道德科学俱乐部的访问:"对维特根斯坦的敬仰如此不可控制,以至于对其他哲学家的提及,比如对我自己的提及,都带着讥笑。"[2]这种态度部分是由维特根斯坦本人强加的,因为他显然不仅为没有研究哲学史而感到自豪,而且还嘲笑那些与"学院哲学家"学习哲学史的人。

1947年夏,维特根斯坦决定退休。他计划离开英国,独自生活。在斯旺西时,他就与本·理查兹商量过下一步该去哪里,爱尔兰还是挪威。最终他选择了爱尔兰。9月和10月,他八年来第一次回维也纳探亲。由于知道战后的萧条,他害怕看到自己的出生城市,也的确为其荒废而惊诧。他曾

---

[1] N. Malcolm, *Ludwig Wittgenstein: A Memoir* (Oxford, 2001), p. 56.

[2] O. P. Wood and G. Pitcher, eds, *Ryle* (London, 1970), p. 11.

经参军保护过的旧帝都再也不是从前的样子了。尤其令他意志消沉的是苏维埃人的野蛮,抢劫和强奸随时发生。苏联军队也肆意破坏了他给玛格丽特建造的大宅。如果说维特根斯坦曾经对苏维埃人还抱有什么幻想的话,那么现在荡然无存了。回到剑桥,他于年末正式辞去了系主任职务,在三一学院又待了几个星期准备心理哲学的打字稿,最后他在12月初出发去往都柏林。"我对未来绝不乐观,但是我刚一辞职就感到这是唯一值得做的事情。"[1]

---

[1] 1947年11月16日给马尔科姆的信;Wittgenstein, *Briefwechsel*。

八　没有隐藏的:《哲学研究》

"狐狸懂得很多事情,但刺猬只懂得一件大事。"以赛亚·伯林(Isaiah Berlin)曾经用希腊诗人阿吉洛克斯(Archilocus)的这句话来解释作家和思想家之间,实际上是两种人之间的巨大区别。一方面,刺猬——有核心视域、一个连贯的系统、一条普遍原则,并把一切都与之相关联。另一方面,狐狸——思考许多层面的步骤,知晓现象的极大丰富性,并不试图将其融入一个统一的框架之中。伯林把柏拉图、但丁、黑格尔、陀思妥耶夫斯基归为刺猬,把亚里士多德、莎士比亚、歌德、乔伊斯归为狐狸,而托尔斯泰则是二者交叉的点。[1] 那么维特根斯坦呢?他也不能明确地归于一个或另一个范畴。就本质而言,他是刺猬,他的早期著作见证了这一点。在《逻辑哲学论》中他和西方所有伟大的形而

---

[1]　见 I. Berlin, *Russian Thinkers* (London, 1979), pp. 22ff。

上学家一样,努力要把一切都包容在一个统一系统中,从逻辑基础到世界的本质的一切事物。但是,如彼得·哈克(Peter Hacker)所表明的,在后期著作中,维特根斯坦通过极大的认识努力转而变成了一只狐狸。[1]

维特根斯坦的早期著作是系统打造哲学的范例——他对命题之本质的原子式叙述是他关于逻辑、语言、本体论、心智和伦理学理论的基础。所有这一切都旨在通过一个关键假设聚拢在一起,即一切基本命题的本质都是要描述一个可能的事实,并独立于任何其他基本命题。因此,每一个陈述都必须作为图画来阐释,即使那些表面上看起来没有任何意义的语句也不例外。因此,其早期哲学就直义而言都是分析的:事物并不是它们看到的那种样子;只有在我们走到其表象之下,对我们感兴趣的陈述或一个事实分析也即分解为其实际的构成因素,这时,事物潜在的真实本质才能揭示出来。的确,为此而采纳的方法,即逻辑分析是新的,但其目标,或者说揭示事物本质的梦想,却与哲学同样古老。这个梦想是要把哲学确立为形而上学,一种超科学,旨在用有力

---

[1] 见 P. Hacker, *Wittgenstein's Place in Twentieth Century Analytic Philosophy* (Oxford, 1996), pp. 98-99。

八 没有隐藏的:《哲学研究》

的方法发现世界的最基本特征。维特根斯坦在《逻辑哲学论》中以其早期思想使这个梦想成真了。

但在 1929 年,当他试图用书中宣布的逻辑分析完成这个项目时,他意识到这个梦想始终就是一个幻想。他的基本前提被证明是错误的,即并不存在命题之本质这种东西,并不存在语言之本质这种东西。于是,《逻辑哲学论》中严密建构的整个逻辑、语义、本体论大厦就像纸牌屋一样轰然倒塌。到 1932 年,维特根斯坦已经抛弃大部分旧学说。但他所拒斥的并不完全就是他自己特殊的学说——他推翻了他早期的哲学概念本身。他没有改变的要点乃是他仍然坚持的信条:哲学不是关于世界的一门科学,而是包含着对先存语言的澄明。对比之下,主要的差异在于他拒斥深度的隐喻和潜在本质的观点,因为"无所隐藏"(《哲学研究》[PI] §435)。哲学家所感兴趣的一切尽在目之所见。他不必深究到表象之下,但必须驻足地面,画一幅地图。地理学代替了地质学。这个地面就是我们的语言和用语言表达的概念,包括哲学上的问题概念,如"命题""意义""知识""能力""意图""数字"等。这些基本概念构成了我们的概念框架,我们在生活和科学中用这些概念获得关于这个世界的知识的格子。但是,由于维特根斯坦现在相信所有这些概念都是基本的,所以，旧有意义上的分析就不存在了，也即依据一个基本概念（《逻辑哲学论》中的"命题"）建构一个体系，所有其他概念都由这个基本概念所推演、衍生或解释的过程，也就不存在了。哲学家所能做的就只有描述。他必须描述哲学上相关的概念何以相互关联，"命题"和"意义""知识"和"能力"等何以相互联结。这个新的描述—关联方法实际上更像是画一幅地图。维特根斯坦本人在《哲学研究》的前言中使用了地理学的隐喻，他说他这一研究的性质"迫使我们走进每一个方向都相互交叉的广阔的思想领域——本书中的哲学讨论似乎是一些景色的素描，即在漫长而投入的旅行中所做的素描"[1]。后来他写道："我们的语言可以看作一座古城：迷宫般的狭窄的街道和广场，旧的和新的房屋，不同时期增设的房屋，周围是无数新建的城区，笔直的街道和整一的房屋。"(PI §118) 这与维特根斯坦在课堂上给学生讲的另一个明喻相关：

---

[1] 他用的另一个隐喻来自商界。他把哲学家比作"有执照的会计，准确地调查和澄清一个生意的行为"。与他一样，哲学家对"一切可能模糊的东西进行彻底调查"；L. Wittgenstein, *Zettel*, ed. G. E. M. Anscombe and G. H. Von Wright, trans. Anscombe (Oxford, 1967), §273。

八 没有隐藏的:《哲学研究》

在教你们哲学的时候,我就像一个向导,给你们指环绕伦敦的路。我得带你们从北到南、从东到西穿过整个城市,从尤斯顿到筑堤,从皮卡迪利到大理石拱门。当我带你们多次穿过这座城市后,经过了各个方向,我们就会多次穿过任何一条特定的街道——每次都是在不同的旅行中穿过它的某一部分。最后你们就将了解伦敦了,就像一个伦敦人一样熟练地找到路。[1]

以这种方式研究语言不是一种自足的努力。我们这样做是为了解决哲学问题和谜团。后期的维特根斯坦是一个真正的语言哲学家,因为他相信即便不是全部,大多数哲学问题也产生于对语言的误解。

人们一再说哲学没有真正取得进步,我们仍然在解决希腊人早就在解决的相同的哲学问题。但说这话的人不明白为什么会这样。那是因为我们的语言没有变,仍然在引诱我们提出相同的问题。只要继续有动词 to

---

[1] D. A. T. Gasking and A. C. Jackson, "Wittgenstein as a Teacher", in *Ludwig Wittgenstein: The Man and His Philosophy*, ed. K. T. Fann (New York, 1967), p. 51.

be，似乎起作用的与"吃"和"喝"没有什么不同，只要我们仍然有"相同的""真正的""虚假的"等形容词，只要我们继续说时间的长河，空间的跨度等，人们就继续为那些同样迷惑不解的难题所困扰，研究那些没有任何解释能够说得清楚的研究。[1]

因此，这些难题和问题就只能被解决或被分解，如果我们能够明白语言如何作用的话。这一态度有两个相关的含义：首先，许多哲学问题是无意义的，其基于对某些词语之作用的含混理解。一旦厘清了这些含混，把含混的基础暴露出来，这些问题就不必回答而自动分解了。哲学在很大程度上是否定的，如维特根斯坦本人在反思其思想时所说："我破坏，我破坏，我破坏。"其次，在哲学中，我们不在微屑的意义上探讨世界。我们揭示或"展示"世界的形而上本质，但只理解我们的语言如何作用，即维特根斯坦所说的"语法的清楚再现"。因为这涉及个体在多样的日常生存和科学环境中如何清晰地叙述，所以关于词语如何并出于何种目的得以运用的知识就涉及有关世界的知识。但这是我们已有的知

---

[1] L. Wittgenstein, *Culture and Value* (Oxford, 1980), p. 15e.

八 没有隐藏的:《哲学研究》

识,我们只需回忆或清楚熟悉语法表达中那些异同是如何实现的。"哲学中的学习实际上就是回忆。我们记得我们的确是以那种方式运用词语的。"这与传统形而上学以及《逻辑哲学论》的形而上学相去甚远。

> 什么是哲学?是对世界本质的探究吗?……我们实际在做的就是清理我们的观念,清楚关于世界我们能说些什么。关于能说什么,我们一头雾水,并努力要驱散这些雾水。这种清理的活动就是哲学。[1]
>
> 当哲学家用一个词——"知识""存在""客体""我""命题""名称"——试图掌握事物的本质时,他必须自问:这个词是否在其"缘起之家"的语言游戏中以这种方式实际使用过?——**我们**要做的就是把这些词从其形而上学的用法中带回到日常应用之中 [PI §116]。而这就是一切哲学难点得以解决的方式。我们的答案如果是正确的,就一定是朴素的和琐屑的。但是你必须以正确的精神看待它们,然后那就不重要了。[2]

---

[1] L. Wittgenstein, *Wittgenstein's Lectures, Cambridge, 1930-1932* (Oxford, 1980), pp. 21-22.

[2] L. Wittgenstein, *The Big Typescript: TS 213* (Oxford, 2005), p. 304e.

这极为严苛且毫无前例地打破了哲学的幻觉。如果这是真的，那么，过去两千五百年来哲学研究的方式在很大程度上就是错误的。维特根斯坦明白这其中的历史含义，尽管他声称不在乎历史。在1930年的一次演讲中，他描述了他的作为新主题的哲学，人类思想发展史上的一个奇想。"哲学已经失去了它的光环。我们现在有一个做哲学的方法，我们还谈论技巧娴熟的哲学家。比较一下炼金术与化学之间的区别；化学有方法，我们可以说技巧娴熟的化学家。"大约在同时，他在日记中写道："如果我能留名，那只能作为伟大的西方哲学的终点，作为烧毁亚历山大图书馆之人的名字。"[1] 毫不奇怪，哲学的这一概念自维特根斯坦去世之后遇到了很大阻力，在很大程度上遭到分析哲学家们的拒斥。与我们时代对科学的信心相反，这个概念极大地缩小了我们人类通过抽象思维认识世界的范围。在某种程度上它相似于伊曼纽尔·康德的批判哲学，也即否认纯粹理性能够回答重要的形而上问题（上帝的存在、灵魂的不死、意志的自由）。然而，维特根斯坦比康德彻底，因为他不相信我们的认知能力太狭隘以至于不能回答形而上问题，而是说这些问题本身

---

[1]　L. Wittgenstein, *Public and Private Occasions* (London, MD, 2003), p. 73.

八　没有隐藏的:《哲学研究》

就是毫无意义的,甚至上帝也不能回答这些问题。我们必须耕种我们自己的花园——这是伏尔泰的老实人的谦虚,这对康德很有吸引力,依然是合理的,但从维特根斯坦的观点看,这仅仅是因为在语法的花园之外哲学家一无所有。

这种哲学观在《哲学研究》中占了十五页篇幅,并应用于全书其余部分。由于《哲学研究》是维特根斯坦十六年心血的结果,该书过于复杂,此处无法详细总结。[1]然而,描述该书的特性并举出一个例子说明哲学探讨的方法,还是可行的。首先,它简短,英文版只有二百五十页,是从1929年以来他数以万计的哲学言论中选出的一小部分,组合成六百九十三个警句式的小节。我们因此把《哲学研究》视为一个巨大冰山的一角。全书涵盖三个主要领域:语言哲学(意义、理解、规则等)、心智哲学(思维、记忆、想象、意图等)和已经提及的哲学的性质。他对数学哲学的延伸探讨仅仅稍有涉及。

该书的风格非常不同于《逻辑哲学论》,语言表达不神秘而清晰易懂,不具专业性,充满惊人的隐喻和类比、思

---

[1]　关于此书的评论许许多多。最可靠的有: P. Hacker, *Insight and Illusion* (Bristol, 1997); A. Kenny, *Wittgenstein* (Oxford, 2005); S. Schroeder, *Wittgenstein: The Way Out of the Fly-Bottle* (Cambridge, 2006)。

想实验、发明的语言游戏、设问、独白等。还有一些片段是"错误的声音"与"正确的声音"(常常被理解为年轻的路德维希与现在的自己)之间的对话,但如果像有些阐释者那样把全书理解成苏格拉底式的对话,那就错了。因为维特根斯坦不喜欢那种风格:"读苏格拉底的对话有一种感觉:多么可怕地浪费时间啊!这些既不证明什么也不澄清什么的论证有什么意义呢?"[1] 虽然风格清晰,但该书也有黑暗的一面,令许多读者着迷同时又无助的一面。这部分由于维特根斯坦喜欢"解放性的词"以及他对繁复表达的厌恶,他的话含义大于表义,给读者提供思想的种子,而不是一字一板的论说。然而,虽然他自己像里利希滕贝格和卡尔·克劳斯一样喜欢警句,但如果把《哲学研究》理解成一本由警句构成的书,那是不准确的,因为这是一本系统和论辩的理论哲学书。但人们常常看不到其系统性,因为它并不总是清楚地把话语关联起来,也不特殊指明题目、目标或所对话的哲学家。换言之,它不是容易追溯的线性"叙事",作者的意图和信念并不是直接透明的。这给读者带来的是严重的但并非不可克服的挑战。

---

[1] Wittgenstein, *Culture and Value*, p. 14e.

八 没有隐藏的:《哲学研究》

《哲学研究》涉及广泛的主题,包括心智的性质、意图、认识、思维等。但全书的主旨是语言的性质。它试图纠正多少世纪以来主导欧洲哲学的一个影响巨大的语言观——实际上是人类开始反思语言时大多数人都自然产生的一个观念。据在《逻辑哲学论》中已经显见的这种观念,语言的本质就是描画和描述现实。更准确地说,这个观念可以分成三个重要主题。首先,词的本质作用是为物体命名;一个词的意思就是它所指称的物体。其次,语言通过根本的命名行为与世界关联;我们表面上指一个物体,通过说"这是 A"而给"A"词一个意思。最后,命题的基本功能就是描述事物何以如此。

维特根斯坦详细地反证了这些主题及其分支,不仅在《哲学研究》中,而且在数学哲学研究中亦如此。首先,他指出名称并不是词的根本类型,这与《逻辑哲学论》或罗素的清晰假设恰恰相反。词不仅仅履行命名或指称物体的功能。其意义就是其使用,大体上说,它们在不指称任何事物的时候也完全有用处。(PI §43) "然而""燃素"和"随风飘"都不指称任何物体,但却有牢固的用法。罗素对"现在的法国国王是秃头"的分析(见第二章)是出于绝望:因为主语"现在的法国国王"并不指任何物体,他总结说这个主语要么毫无意义，所以整个句子也便毫无意义；要么"现在的法国国王"是一个伪指称表达，句子的真正结构是完全不同的另一个，需要经过逻辑分析方可得知。但是，当我们明白"法国国王"无论是否有所指它都是一个完全得体的用法时，罗素的问题就解决了，也就不需要他的描述理论了。

其次，命名的行为虽然重要，却不是基础的。实际上，它已经预设了对一种语言的掌握。

> 这种表面的定义说明了词的用法——意义，词在语言中的整体用法清楚了。因此，如果我知道有人想要向我解释一个颜色词，其表面的定义"那个叫'深褐色'"将帮助我理解这个词。——而且你可以这么说，只要你不忘记与"认识"和"澄清"这两个词相关的各种问题的话。人们已经认识（或想要做）某事只是为了能够问一个事物的名称。[PI §30]

最后，维特根斯坦指出，传统的语言观教条地假定一种特定类型的命题，那主要是用于科学的，也就是主谓陈述句（比如"冥王星是一个星球"），它代表所有句子的形式。但事实上，它只是许多命题者的一种，而且不是最基础的。因

八　没有隐藏的:《哲学研究》

为语言并不只有一种功能,而有无数种。"语言是一种工具。其概念是工具。"(PI §569)"把句子看作工具,并把意思看作工具的使用。"(PI §421)而工具有非常不同的用途。一个祷告,一个笑话,一个祈求,这些都不描述事实。当我说"给我买一个钻石戒指!"或问"我今天要吃多少块软糖?"时,我参与了非常不同于描述的语言游戏,即命令的语言游戏或提问题的语言游戏。这些语言游戏都和描述一样是基础的,并不比描述差。如果想把它们同化为描述的语言游戏,那就大错特错了。主谓陈述句不是命题的基础形式。

> 但是有多少种句子呢?比如判断句、问句和命令句?——有无数种:我们所说的"符号""词""句子"有无数种不同的用法。而这种多元性不是固定的,不是一劳永逸的;而是我们所说的新的语言类型和语言游戏出现了,而其他的则过时了或被忘记了。……这里,"语言游戏"这个术语主要是突出这样一个事实,即语言的言说是活动的一部分,或一种生命形式。[PI §23]

由于没有基本的词和句子,因此谈论语言的本质就是误导的。对"什么是语言?"这个问题的回答就化解为一个开放的描述各种语言游戏的名单。这些语言游戏多多少少相互关联，不存在共有的独特特征。维特根斯坦把语言的概念与游戏的概念进行对比。我们能给游戏下个最准确的定义吗？所有游戏的共同点是什么？

> 不要说："一定有共同之处，否则就不要称它们为'游戏'。"——而是看一看是否有对所有句子都相同的东西。——因为如果你看着它们，你不会看到对所有句子都相同的东西，而是相似性、关系和一整个系列。重复一遍：不要认为，而是去看！——比如棋类游戏，及其多层次关系。现在再看纸牌游戏：你发现与第一种游戏有许多联系，但有许多共同点丢失了，另一些共同点出现了。当我们再来看球类游戏时，许多共同点保留了，但也有许多丢失了。——它们不都是很"有趣"吗？将棋类与画圈和打叉游戏相比较。或，总是有输赢或玩者之间的竞争吧？耐心地想想。在棋类游戏中，有输赢；但当一个孩子把球扔在墙上再用手接住时，输赢的特征就消失了。[PI §66]

维特根斯坦论证说，这些游戏之间的多层次关系就像家

八 没有隐藏的:《哲学研究》

庭成员之间的相似性。"游戏"就是维特根斯坦所说的著名的家族相似性概念，其定义是不能用定义来说明的。"语言"是一个家族相似性概念。这两个概念都缺乏明确的边界。但如果我们考虑到弗雷格和罗素发明的逻辑形式所必须要求的准确性或充足性标准的话，这些概念的模糊性只是一个不利之处。然而，我们没有理由相信这一点。我们真的应该像弗雷格那样，认为一个词不能表达一个概念，除非我们可以为宇宙中的任何物体指定它是否属于这个概念。但那样就不但会使"游戏"和"语言"无用，而且"椅子""恐怖主义者""老"和"秃头"就都无用了。如果在照相时，摄影师用手指定一个区域，对模特说"站在那儿"，那么，他说的意思清楚吗？他是不是最好用 GPS 技术呢？那将会荒唐透顶，而又毫无效用。模糊性是自然语言共有的用途。实际上，甚至数字的概念也是一个家族相似性概念。从维特根斯坦的观点来看，弗雷格划时代的逻辑学研究恰恰没有意识到这一点。

> 我们为什么称某物为一个数字？也许是因为它与其他物有一个——直接的——关系，而这些物迄今为止一直被称为数；这可以说是给它与我们称之为相同名称的其他物建立了一种间接的关系。我们在延伸数的概念，

就像纺线时把纤维拧在纤维上一样。线的力并不在于某一条纤维的长度,而在于许多纤维的重叠。但如果有人想要说:"所有这些构建都有一个共同之处——也就是它们所有共同属性的分裂。"——我应该回答说:"你现在是在玩词的游戏。"你也会说:"某物穿过了整条线——也就是那些纤维的连续重叠。"[PI §67]

我们偶然发现维特根斯坦试图说服他的对话者:让他参与对话,不仅给他一般论证,而且还给他许多具体例子、启发性类比、讽刺性回答。《哲学研究》中这种段落不计其数。

《哲学研究》中使用论证的另一个例子是维特根斯坦关于个人内心状态的讨论。这些内在状态看起来是私密的和独有的——只有我知道我自己的感觉,其他人只能猜测。我本人对外部世界的感知也许是错的,但只要这是我的内心世界我就没有错。这一主观私密的观点不仅是我们所有人的最自然的事,而且在欧洲哲学中非常有影响,尤其在现代。就这种私密性而言,我甚至可以发明我自己的私密语言指称我的内心状态,世界上的其他人都不会理解。实际上,我们的普通语言似乎是一种私密语言。仅就上述的语言概念而言(即一个词之所以有意义仅仅是因为它代表某个实体),人们会

八 没有隐藏的:《哲学研究》

说,词有意义是因为它们与内在的精神状态、情感、图画等有关。一个词的意义因此是由某种私密的东西建构的,只有说话者本人能够理解——这又是关于巨大的历史影响的一个相当自然的假设。比如洛克在《人类理解论》(*Essay Concerning Human Understanding*, 1690) 中所说:"就基本意义或直义而言,词除了说话者心中所想之外并不代表任何其他意义……其他人也不能直接用其来标记什么,除非是它本身已有的思想。"[1] 在《爱丽丝奇景历险记》(*Alice in Wonderland*) 中,汉普蒂-邓普蒂 (Humpty Dumpty) 说得更加直接:"我用一个词的时候,它仅仅是我选择的意思——既不多也不少。"

通过有力的论证,维特根斯坦表明,不仅我们的普通语言不这样运作,而且不可能有什么私密语言,因为这是一个不正确的观点(我们在此略去他的论证)。此外,他抨击这个私密观点,于是也抨击了欧洲思想中的一个中枢观点,表明它是基于对心理学观念之功能的误解之上的。他不仅拒斥只有我知道自己的感受这样一个观点,而且声称实际上只有别人才能知道我自己的感受。换言之,他实际上拒斥的是我

---

[1] 第二章,第2页。

全然知晓我自己的感受这样一种观点。然而，他借此也并非是说我全然不知自己的感受。而是说把对自己内心状态的了解归于自己是不正确的。他借助上述提及的描述方法表明了这一主张。换句话说，维特根斯坦绘制了一张认识与相关概念之间联系的地图，而不是把它作为基础，或者用其他概念来解释它。比如，他表明认识与可能的证据、怀疑、错误、无知等相关。如果这些可能性被排除，认识也就被排除了。如果它们被包括进来，认识也便被包括进来了。比如我头痛，抱着脑袋说"我好痛啊"。你一定会寻找证据（我的面部表情等），以证明我头痛，但你也怀疑这个事实。因此，你把对我痛苦的认识归于你就是正确的。那我自己呢？我头痛，但不知道，然后通过寻找证据才发现我头痛？这样的证据会是什么呢？在什么情况下我自己才会说"我可能在痛苦之中，但我怀疑这一点"呢？如果我非常严肃地对我的医生说："对不起，一分钟之前我确定我痛苦，但我刚刚发现那是一个错误。"这是聪明的做法吗？这些似乎都行不通。私密这个错误观点的源头是对"我痛苦"这样的陈述的作用的误解。它们看起来像是对事物状态的普通描述，如"我在大理石拱廊下"。当然，完全可能发现我在拱廊下是个错误或是个需要怀疑的事，因此也知道我就在拱廊下。但是，即便"我在拱廊下"和"我痛苦"这两句话之间有许多的相似性,后一个句子也起到非常不同的作用。"痛苦"不是一个内在的私密状态的名称,因此这个句子不是对一个内在的私密状态的描述。相反,"我痛苦"是典型的对痛苦的表达或证实。

> 一个孩子伤害了自己,他大哭起来。然后大人先对他说话,教导他惊叫,然后教他一些句子。大人教孩子了解新的痛苦行为。"所以你是说'痛苦'一词实际的意思是哭喊?"——恰恰相反,痛苦的语言表达代替了哭喊而并不描述哭喊。[PI §244]

维特根斯坦讨论的一个相关话题是思维这个概念。同样,我们也非常自然地把思维看作在心智或大脑内部发生的一个过程,正如计算机内部发生的电子程序一样。内在于我们的这个过程被认为是独立于我们实际言说的任何语言的,比如英语或斯瓦希里语,而当我们实际说话的时候,我们把内在思想译成公开的语言媒介。如托马斯·霍布斯(Thomas Hobbes)在《利维坦》(*Leviathan*,1651)中所说:"言语的一般用途是把我们的精神话语转换成词语,或把众多思想转换成众多词语。"[1] 的确，这似乎说明了孩子何以学会"思维"或"思想"的含义的：他或她听人说这些词，在自身内部寻找，所发现的无论是什么都是"思维"所指涉的。这个观点也可以指动物和计算机的思维，尽管它们可能没有，而即使有的话也是不能与人类语言相媲美的一种语言。维特根斯坦认为，这种认知生活的模式以及由此产生的思维和语言之间的关系不仅过于简单，而且大错特错。在幻想语言的模式时，我们以固定的方式接受词语的意义，也就是指向某物，然后赋予其一个名称，我们也试图把思维的概念套入这个模式。但是，维特根斯坦指出，这个概念既不是后天的，也不是这样用的，如果我们不仔细看待思维概念得以实际应用的多样复杂的语境的话，我们至多获得关于这个概念的一幅漫画。"这就仿佛不懂下棋，我却要试试，通过仔细观察某些棋类游戏的最后步骤而明白'将军'（mate）究竟是什么意思。"(PI §316) 我们应该更严格地注意思维这个概念的有限应用。"我们只说一个人，那就像是会思考的人。"(PI §360)

> 椅子对自己思考。……在哪里？在其一个部分中

---

[1] 第四章。

吗？或在其体内；在其周围的空气中吗？或根本哪儿都不在？但是，在这个自言自语的椅子与另一个自言自语的椅子、下一个自言自语的椅子之间有什么不同？——它与人的关系：它在哪里对自己言说事物？这个问题怎么会毫无意义呢？对一个地方不做特殊说明是必要的，除非这个人是自言自语？椅子在哪里自言自语的问题似乎需要回答。——理由是：我们想要知道椅子何以会像一个人；比如，头在背上等。它会对自己说什么？在这里发生了什么？——我如何解释？那就像你教某人"自言自语"这个表达的意义一样。当然，我们像儿童一样学习意义。——只是没有人说，教我们的那个人告诉我们"所发生的事"。[PI §361]

如果维特根斯坦是对的，那么，当神经学家问我们的思维在哪里发生，然后声称它在我们大脑内部发生时，他们实际做的不是把像椅子这样的物体当一个人，而是一个人更像一把椅子！因为思维在哪里发生的问题甚至根本不会提出。当我未完成书桌上的税单时，我的思维真的就发生在我的大脑内，在我左眼后面三寸远的地方吗？倘若我开始在蹦床上跳上跳下，仍然在思考我的税单，我的思维也在跳上跳下吗？难道这派胡言没有表明我们对思维有误解吗？我们或许应该放弃"思考"这个想法，用它的同源词报告或描述在我体内的某物。一个正在学习"思考"之意义的孩子怎么可能知道自己的内心在寻找什么呢？可是我的大脑内部难道没有"意识流"吗？这不是思考吗？像乔伊斯在著名的《尤利西斯》(*Ulysses*)中尝试的把"意识流"记录下来（如果清楚地知道这个短语意味着什么的话），与报告我们的思想没有关系。当我说"下雨了"，我的确在报告我在想什么，也就是天在下雨，但这的确是在外部发生的事，而不是在内部，即便我的思维伴随着各种精神意象或事件。"思考"这个短语还有别的意思。我们必须详细了解其全部意思才能理解思维这个概念的广阔分支。

同样，思想与语言之间是一种非常复杂的关系。如果翻译模式是正确的，我们的思想就必定像语言一样，除此之外翻译还能是什么样子的呢？思维是一种言说，只不过是对自己言说，对自己的灵魂言说（这是哲学史上一种有影响的观点）。这将即刻出现这样一种可能性，即一个人经常无意图性地误译自己的思想——一种荒诞。而那种"思想的语言"也会有像动词、像名词和像介词一样的因素吗？这些因素如何接收意义？但如果思想不像语言，那该像什么呢？它们由

八 没有隐藏的:《哲学研究》

什么构成呢?举下面这句伦敦方言为例:"伊朗强硬派总统星期六为一重水生产工厂揭牌,这一令西方惧怕的设施将用于开发核弹,德黑兰依然蔑视联合国的制裁期限。"[1] 如果不讲伦敦方言或某种相关语言,怎么能有人喜欢这样一种思想呢?如弗雷格和年轻的维特根斯坦所认为的,语言不仅仅是思想的衣裳,而实际上是能够表达人类思想的前提。思想的局限乃是其可能表达的局限。极端地说,没有语言便没有思想。如果正确,这一主张对于理解我们的心智,对理解任何人类学,都极为重要。"我们说一条狗害怕主人会打它;不,它担心主人明天会打它。为什么不呢?"(PI §650)

《哲学研究》还有许多其他论证和题目。但是我们只需大概了解维特根斯坦的哲学研究在这本书中以及在维特根斯坦后期研究中是如何完成的。其目的是通过澄明语言而放弃哲学混乱。然而,这种澄明绝不是微不足道的,其属于最艰难的认识活动。

---

[1] "Iran's hard-line president on Saturday inaugurated a heavy-water production plant, a facility the West fears will be used to develop a nuclear bomb, as Tehran remained defiant ahead of a UN deadline that could lead to sanctions." News headline on Yahoo. com, 于 2006 年 8 月 26 日。伦敦方言译文源自 The Dialectizer on www. rinkworks. com/dialect/。

哲学打开我们思维中的思想；因此其结果一定是简单的，但其活动却犹如解结一样复杂。……你问语法问题为何如此难解，这似乎根深蒂固。——因为它们与最古老的思维习惯相关……人类深嵌于哲学的也就是语法的混乱之中。人类要想从极为多样的纠葛中脱身，就必须首先从这些语法混乱中解放出来。你必须重组人类的整个语言。……一整个神学已经置于我们的语言之中。[1]

---

[1] Wittgenstein, *The Big Typescript*, pp. 311e and 317e.

九　晚年：1947—1951

维特根斯坦的晚年是多产的，但却以疾病、孤独和忧郁为特征。他已不再拥有自己的家，而是住在朋友家里或旅店里。1940年，他在日记中写道："我感到死胜似于活。""我感到我的生命到了肮脏的尽头。"这在他退休的1947年是再真实不过的了。如早年在挪威一样，他现在希望能在爱尔兰的孤独生活中找到慰藉。除了几次外出，从1947年12月到1949年6月，他始终住在爱尔兰。头几个星期他与德鲁里住在都柏林，之后朋友把他安排到威克洛（Wicklow）郡的红十字农场。他时不时地挤出时间写作，大多是论心理哲学的，他还经历了一次灵感的爆发："我的思想来得如此之快致使我感到了神来之笔。"他经常祈祷，但灵魂却依旧很沉重。"感觉不好，"1948年2月他写道，"不是身体上的，而是精神上的。担心是精神病的开始。只有上帝才知道我是不是有危险。"沮丧以及对弗朗西斯的负罪感再次纠缠着他。

> 不要让悲伤来烦你！你应该把它埋在心底。也不要害怕疯狂。也许它会作为朋友来找你而不是敌人，唯一的坏事就是你的抵制。……想了许多与弗朗西斯最后一次见面的情景，想到我的可憎。当时我非常不高兴；但怀着一颗邪恶的心。我看不到有生之年怎么来摆脱这种负罪感。[1]

由于维特根斯坦的精神状况，农场很快就被证明太嘈杂，不适合他居住。德鲁里让他去自己在康内马拉的度假农舍。这是爱尔兰西海岸的一个地区。农舍面向大海，给了他所需要的安宁。他在这里待到 8 月，德鲁里的一个仆人托马斯·穆尔柯林斯（Thomas Mulkerrins）照顾他。维特根斯坦经常散步，有时穆尔柯林斯带他乘小船出海。他极少参加社交活动。邻居们都认为他疯得很厉害，以至于拒绝与他有任何来往，禁止他在他们的地盘活动，恐怕惊吓了他们的羊群。[2]但他不在乎吓唬羊群或其他什么动物。相

---

[1] MS 137, 1948 年 6 月 28 日, 1948 年 7 月 11 日。

[2] R. Monk, *Ludwig Wittgenstein: The Duty of Genius* (London,1990), p. 525.

九 晚年：1947—1951

戈尔韦郡（Co. Galway）的康内马拉（Connemara），基拉里湾（Killary Bay），爱尔兰，约1890—1900，令维特根斯坦魂牵梦绕的地方

反，他设法驯服了一些野鸟，使它们飞到他窗口，吃他手心里的面包渣。离开康内马拉之前，他甚至给穆尔柯林斯钱，让他买东西喂这些鸟。不幸的是，与维特根斯坦的相遇对这些鸟来说最终被证明是致命的：它们的顺从使它们成为猫的口中之物。[1]

---

[1] R. Monk, *Ludwig Wittgenstein: The Duty of Genius* (London,1990), p. 527.

康内马拉之后,维特根斯坦于 1948 年 10 月到 1949 年 6 月大部分时间待在都柏林。他住在罗斯旅店(Ross's Hotel),很满意能有一个舒服安静的房间,而且离德鲁里很近。然而,在此期间他也出访过几次。他几次去阿克斯布里奇(Uxbridge)拜访理查兹,还去了剑桥,完成了几篇手稿,看望过格奥尔格·亨里克·冯·赖特,他以前的一个学生,现在继任哲学系主任,很快就将是那一代人中最著名的哲学家之一。1948 年 9 月,维特根斯坦去维也纳住了三个星期,因为姐姐赫米内一病不起。"米内要走了。"1949 年 2 月他在日记中写道,"对我、对所有人都是巨大的损失。比我想过的要大。"几个星期以后:"我自己的生命所依赖的根都在我的周围被斩断。我的灵魂中充满了痛苦。她有许多和各种不同的才能,但没有暴露给时代,都隐藏起来了。作为一个人的素质,应该如此。"[1] 此后,他又来维也纳两次,一次是 1949 年春,最后一次是 1949 年 12 月到 1950 年 3 月。

维特根斯坦自己的身体越来越糟。由于肠胃不好,1949 年 3 月他在都柏林进行了全面检查,被诊断患有非典型性贫血。然而,维特根斯坦还是决定做最后一次旅行,这次是去

---

[1] MS 138,1949 年 2 月 25 日。

九 晚年：1947—1951

维特根斯坦与芬兰的哲学家朋友格奥尔格·亨里克·冯·赖特

美国的伊萨卡（Ithaca）。在康奈尔大学教书的诺曼·马尔科姆曾多次邀请他。对于其中一次邀请，维特根斯坦曾开玩笑地回答说，他接受邀请的唯一条件是让马尔科姆把贝蒂·赫顿（Betty Hutton）介绍给他，这是他最喜欢的女演员。维特根斯坦于 7 月登上了开往纽约的玛丽女王号，乘三等舱。他坚持不让马尔科姆去接他。维特根斯坦写信给老友说："也许，像在电影里一样，我会在船上邂逅一个漂亮的女郎，她会帮我的。"维特根斯坦在马尔科姆家住了三个月。总体来说，他喜欢这次小住。他写信给在斯旺西的里斯说：

> 这里是散步的好去处,尽管无法与高尔海岸([G]ower coast)相比。这里的自然看上去也没有威尔士那么自然。这里我唯一真正喜欢的是工程;那真是无与伦比。我喜欢美国的机器。我在这里遇到的人都很好,但大多数时候,虽然不总是,对我来说很陌生。[1]

尽管他本人感到自己不能再做哲学了,他在康奈尔遇到的哲学家,如马克斯·布莱克、约翰·纳尔逊(John Nelson)和欧茨·鲍斯玛(Oets Bouwsma),给他留下了不同的印象。他与人谈话,参加了甚或主控了无数次研讨会和讨论会,以他的人格魅力令每一个人赞叹不已。如在纳尔逊的记忆中,与维特根斯坦的相遇:

> 或许是我所度过的最具哲学性的两个小时。在他那毫不留情的探索和灌输之下,我的头几乎都要炸了。……当谈到难题的时候没有任何余地——没有任何溜号的机会。每次讨论结束时我都精疲力尽。[2]

---

[1] 1949 年 8 月 31 日给里斯的信。高尔是斯旺西附近的一个半岛。
[2] Monk, *Ludwig Wittgenstein*, p. 553.

九 晚年：1947—1951

据纳尔逊所说，维特根斯坦在 1949 年的康奈尔是一个神秘和可怕的名字。当马克斯·布莱克在一次讲座中对维特根斯坦说"我不知道你竟如此仁慈，维特根斯坦教授"，听众们倒吸了一口凉气。那就仿佛布莱克在说"我不知道你竟如此仁慈，柏拉图"[1]。维特根斯坦与马尔科姆和鲍斯玛的讨论时间最长，鲍斯玛是受摩尔影响的一位哲学家。

维特根斯坦与马尔科姆讨论了与认识论相关的问题，尤其是认识和怀疑论，这是自《逻辑哲学论》以来他再未涉足的话题。维特根斯坦关于这些主题的笔记于 1969 年以《论确定性》（*On Certainty*）为题发表，这是他去世前一直关注的问题。这些笔记很多，且都是原创性的，但他从未想要发表这些作品。他对怀疑论这个传统问题的回答（我怎样才能知道这个世界存在？我怎样才能知道这棵树真的存在？）在某种程度上与他在《逻辑哲学论》中陈述的问题相似："怀疑论并不是不容辩驳的，但显然是无意义的，它试图在没有问题可问的地方提出了怀疑。"（《逻辑哲学论》6.51）维特根斯坦现在不仅讨论细节来支持这个论题，而且提出了对怀疑论问题的解决，这与他的晚期哲学相一致。他指出，怀疑

---

[1] Monk, *Ludwig Wittgenstein*, p. 558.

论者并非真的质疑或怀疑我们的日常认识和经验,但他们实际上并未提出任何有意义的问题。因为怀疑的语言游戏只是孩子在毫无怀疑的背景下学到的,因此怀疑的语言游戏以毫无怀疑的背景为先决条件。如果你假定别的事物毫无疑问,那你就只能怀疑某事物了。如果你同时怀疑一切,你就是在锯掉你正在坐着的树枝,而那也是令你怀疑的树枝。于是,"怀疑"这个术语,在怀疑论者手里,就是一个毫无意义的术语,因为它源自习惯的语境。习惯的语境是怀疑论者与其对手都错过了的语境,比如,笛卡儿派哲学家就首先严肃对待怀疑论者的根本怀疑,然后寻找真正的命题,即用绝对确定的命题反驳根本的怀疑。比如,G. E. 摩尔就指出,"这是一只手"(同时举起手),"那是一棵树"(同时站在一棵树前),或"世界已经存在许多年了",这些都是常识性命题,也是我们用以对抗怀疑论者的绝对确定的命题。维特根斯坦的回答是,在哲学语境中,这些命题并不是任何认识,而属于我们的概念框架,即我们的世界图画。拒绝它们并不是像拒绝"寿司在伦敦越来越流行"或"伊朗有和平意向"这样的句子,而是在把整个世界图画倒置,因此也倒置了认识和怀疑的语言游戏从中获得意义的框架。"如果摩尔能够拿出与他宣称确定的那些命题相对立的命题,我们不应该只是不分享他的

九 晚年：1947—1951

意见，我们应该把他看作疯子。"[1] 简言之，怀疑论者及其对手笛卡儿派哲学家真正得到的不是根本的怀疑和绝对的认识，而是对理性本身的排斥——这在阴谋论和历史分化极度猖獗的年代并非是一个毫无意义的洞见，而各种阴谋论和历史分离主义则与怀疑论者对认识的态度有许多相同之处。

维特根斯坦与鲍斯玛的讨论也涉及比较一般的论题。比如，他强调在哲学与精神分析学之间有一些相同之处，既有肯定的也有否定的方面。他认为他的教学与弗洛伊德的一样，坏处多于好处，诱使学生相信一种万能的"公式"。维特根斯坦也向鲍斯玛表达了他对柏拉图对话的不满：

> 苏格拉底的方法！那些论证很糟糕，太明显的虚假讨论，令人讨厌的苏格拉底式讽刺——一个人为什么不能直来直去，说出心中所想？至于苏格拉底的方法……它简直不存在。对话者都是傻子，从来没有自己的论点，只会按苏格拉底的意愿说"是"和"不"。他们是一群蠢货。[2]

---

[1] L. Wittgenstein, *On Certainty* (Oxford, 1996), §155.

[2] O. K. Bouwsma, *Wittgenstein: Conversations, 1949-1951* (Indianapolis, IN, 1986), p. 60.

一天晚上,鲍斯玛带维特根斯坦来到一座俯瞰全城的小山上。面对全景,维特根斯坦说出了反映他个性中深不可测的一面的一句话:"如果是我计划的,我根本不会创造太阳。你看!多么美呀!太阳太亮了,太热了……如果只有月亮的话,就不会有阅读和写作。"[1]

在伊萨卡时,维特根斯坦病了,不得不去医院检查身体。由于怀疑是癌症,他担心要做手术,无法回欧洲了。他发疯似的对马尔科姆说:"我不想死在美国。我是欧洲人——我要死在欧洲……我会成为一个傻瓜。"[2] 幸运的是,检查结果很好,维特根斯坦安全地于10月末抵达英国。在伦敦小住一段时间后,他去剑桥拜访了冯·赖特。他计划回到都柏林的罗斯旅店。但是,在剑桥期间,他又病倒了,再次检查身体,这次是爱德华·贝万(Edward Bewan)医生,是赖特家的家庭医生和德鲁里的朋友。检查后不久,维特根斯坦写信给马尔科姆:

> 亲爱的诺曼,谢谢你的来信!医生们已经做出诊

---

[1]　O. K. Bouwsma, *Wittgenstein: Conversations, 1949-1951* (Indianapolis, IN, 1986), p. 12.

[2]　N. Malcolm, *Ludwig Wittgenstein: A Memoir* (Oxford, 2001), p. 77.

九 晚年: 1947—1951

断。我患的是前列腺癌。但这听起来并不那么坏,因为有药(实际上是荷尔蒙)可以减轻病情,这样我还能活几年。医生甚至说我还可以工作,但我可不敢想。我听说患了癌症一点也不感到惊奇,因为我没有活下去的愿望了。但我还不想如愿。我受到每个人的厚待,有一个极为仁慈的医生,他也不是傻瓜。我常常满怀感激地想到你和[你的妻子]……深情的,路德维希。[1]

医生让他服用雌激素,据说可以延长几年的生命,后来他又接受了 X 光治疗。如他对里斯所说:"这种半死不活的生命再有半年就足够了。"[2] 起初,维特根斯坦保守秘密,不把病情告诉身边的人和家人。圣诞节他飞往维也纳与赫米内同住,赫米内于 1950 年 2 月去世,一个月后,维特根斯坦回到英国。这一年的其他时间,他与许多朋友一起度过,同时继续修改现存的手稿,或研究新的素材,尤其是关于认识论和色彩的资料,尽管身体状况不佳。1950 年 4 月到 10 月,他与他以前的学生、20 世纪最著名的女性哲学家伊

---

[1] 1949 年 11 月末给马尔科姆的信:*Ludwig Wittgenstein: Briefwechsel* (Innsbruck, 2004)。

[2] 1950 年 5 月 7 日给里斯的信:Wittgenstein, *Briefwechsel*。

丽莎白·安斯科姆住在牛津的圣约翰大街 27 号（27 St John Street）。正是在这里，他重读了莎士比亚的作品，并保持一种冷静的欣赏。

> 如果莎士比亚伟大，那他的伟大性就仅仅展示在全部戏剧中，这些戏剧创造了自己的语言和世界。换言之，他完全是非现实的。（像一场梦。）……我只能惊异地凝视着莎士比亚，从未研究过他……"贝多芬的伟大心灵"……人们惊异地凝视着他，几乎将其当作一个自然奇观。他们并不感到这使他们接触到一个伟人。而是一个现象。[1]

维特根斯坦在安斯科姆家与另一个住户交了朋友，巴里·平克（Barry Pink），他和安斯科姆以及维特根斯坦的其他朋友一样都皈依了天主教。在一次亲密的谈话中，平克问维特根斯坦他的哲学与他的同性恋有没有关系。这种问题在维特根斯坦死后有人提出过。科林·威尔森（Colin Wilson）就暗示说年轻的维特根斯坦无法抵制同性恋倾向，这使他

---

[1] L. Wittgenstein, *Culture and Value* (Oxford, 1980), pp. 83e-85e.

九 晚年：1947—1951

"渴望确定性，于是创造了《逻辑哲学论》中的哲学体系"[1]。这当然是胡说。维特根斯坦早期著作中提出的逻辑理论，或他后期著作中对自然语言和数学基础的复杂的阐述与其性征有很大关系，就如同康德的超验唯心主义与其（大多数情况下）的纯真生活或爱因斯坦的相对论与其许多婚外恋一样。但即便我们把他们的性身份变换的话（维特根斯坦作为不忠诚的丈夫，康德作为有问题的同性恋者，爱因斯坦作为纯真的单身汉），我们当然能够理解、讨论、赞成或拒斥这些思想家的著作。难怪维特根斯坦在听到平克的问题后生气地回驳道："当然没有！"[2]

在牛津期间，维特根斯坦感到他的生命已近尾声，他让安斯科姆联系一位天主教牧师康拉德·佩普勒（Conrad Pepler）神父。如神父的记忆所示，维特根斯坦

> 想要与一位牧师谈谈，不想讨论哲学问题。他知道他病很重，想要谈谈上帝，我认为他是要完全回归宗教，但是，事实上，我们只有两次谈话是关于上帝和灵

---

[1]　C. Wilson, *The Misfits: A Study of the Sexual Outsiders* (London, 1988), p. 225.

[2]　Monk, *Ludwig Wittgenstein*, pp. 567-568.

维特根斯坦的最后一则日记，写于他去世前两天

魂的，都是相当一般的话题。[1]

维特根斯坦想要拥有天主教信仰，他还为此行了洗礼，这种可能性是值得怀疑的，因为他发过誓说无法相信天主教的教义是真的。但也并非不可能。这个插曲表明在生命的最后几个月里，维特根斯坦或许为一种信仰的意志所驱使，这代表了他在整个一生中对宗教事务的关怀，也表明他把此类事务与哲学截然分开了。

---

[1] Monk, *Ludwig Wittgenstein*, p. 573.

九 晚年：1947—1951

1950年10月，维特根斯坦进行了他的最后一次旅行，与本·理查兹一起去挪威待了一个月。他们就住在那个旧屋里，还有维特根斯坦的老房东安娜·莱布尼，理查兹也病倒了。维特根斯坦很喜欢这次小住，决定自己一人再回来。然而，这个以及类似的其他孤独生活的计划都没有实现，1951年1月，他的身体状况急剧衰弱。体检之后，人们明白他只有几个月的时间了，药也停了。他需要时刻监护，并为死在医院里的前景感到恐慌。在这种情况下，贝万医生主动提出一个了不起的帮助：他请维特根斯坦来贝万在剑桥的家里度过最后时光——不收任何费用。维特根斯坦接受了，2月住进了最后的家。贝万妻子照顾着他，不仅为他准备洗澡水，为他提供食物和书籍，而且给他买了他最喜欢的《斯特里特和史密斯侦探故事杂志》(*Street & Smith's Detective Story Magazine*)，[1] 每天晚上都陪他去当地俱乐部，在那里进行友好的、毫无矫饰的闲谈。非常了不起的是，与贝万夫妇在一

---

[1] 诺曼·马尔科姆有时从美国直接给他寄来这份杂志。至少自20世纪30年代初他就始终是这本和其他杂志的热心读者。为了感激马尔科姆，维特根斯坦曾经写道："你的杂志太好了。如果人们能读到《斯特里特和史密斯侦探故事杂志》，谁还会读《心智》呢？如果哲学与智慧有关，那么，《心智》中肯定没有一丝一毫的智慧，但智慧却常常能在侦探故事看到。"（1948年3月15日给马尔科姆的信）

起的两个月里,维特根斯坦经历了最后一次创造力的爆发,编写了《论确定性》第二部分的言论,其中许多部分展露出他写作的最佳特征:清晰和犀利。在一段非同寻常的自嘲中,他甚至自嘲道:"我现在像一个老妇人那样做哲学,总是把东西放错地方,然后再去寻找;一会儿是眼镜,一会儿是钥匙。"[1] 他最后日记中的最后一则是对信仰、做梦和失去意识的反思,那是他六十二岁生日过后的一天,也是他去

维特根斯坦的墓,剑桥

---

[1] Wittgenstein, *On Certainty*, §532.

世的前两天。1951年4月29日上午,维特根斯坦逝世。在失去意识之前,他对贝万夫人说:"告诉他们,我曾经有过美妙的生活。"鉴于他的天主教朋友们的决定,人们在剑桥的圣吉尔斯(St Giles)教堂给他举行了天主教葬礼。

十 跋

维特根斯坦把编辑和出版他的巨大遗产,也就是多达两万多页的笔记、手稿和打字稿的任务留给了安斯科姆、里斯和冯·赖特这几位遗嘱执行人。他去世后,这些著述的出版迫在眉睫,因为他的后期思想只有少数忠诚信奉他的人了解,其他人都是道听途说。1953年,《哲学研究》终于出版,是双语版,安斯科姆提供了英译。许多评论家即刻予以好评。比如,该书的第一个评论者彼得·斯特劳森(Peter Strawson),他是这样开始的:

> 本书出自一位天才哲学家之手笔,涉及一些错综复杂的问题,这些问题之间错综复杂地关联着。它也呈现一个自身的错综复杂的问题:即看清楚作者所论话题的观点是什么,以及这些观点是如何关联的问题。[1]

---

[1] P. F. Strawson, *Freedom and Resentment, and Other Essays* (London, 1974), p. 133.

十 跋

在接下来的几十年里,其著述、讲座和谈话多卷问世。最后在2001年,他的全部著作,包括其全部手稿的副本都以光盘的形式发表。

到20世纪70年代,维特根斯坦对哲学的发展发生了决定性的影响,尤其在牛津,这个战后分析哲学的堡垒,他的一些学生和合作者,如安斯科姆、图尔明和韦斯曼与年青一代的思想家们并肩教书,他们都深受维特根斯坦的影响或与之观点相同。在剑桥,他的系主任之职首先由冯·赖特接任,然后是约翰·威兹德姆,最后是安斯科姆。维特根斯坦的影响从英国传播到整个英语世界。在美国,诺曼·马尔科姆和马克斯·布莱克把康奈尔的哲学系发展成为全国的领军系科。埃里克·斯特纽斯(Erik Stenius)、格奥尔格·亨里克·冯·赖特和亚科·欣蒂卡(Jaakko Hintikka)接连在斯堪的纳维亚传播他的思想。在欧陆,大家对其著作的兴趣逐渐产生,这部分由于对分析哲学本来就缺乏兴趣,部分由于其他哲学家的影响甚大,如胡塞尔和海德格尔的哲学。他的作品也在亚洲被接受,尤其是日本,最近也在中国受到欢迎。当维特根斯坦在英语世界的影响达到巅峰的时候,哲学的许多分支都受到其思想的影响,包括他自己几乎一字未提的分支,比如关于社会科学的哲学和道德、立法和政治哲学。然而，其最强劲的影响在于理论哲学的核心学科，尤其是关于逻辑、语言和心智的哲学（但不包括数学哲学）。他视哲学为对我们的观念框架进行非科学的语言研究，这一观点也影响甚大。在过去的那些日子里，他的支持者都声称，只要懂得维特根斯坦的方法，你立刻就可以着手解决哲学中的大问题。如安东尼·肯尼（Anthony Kenny）所回忆的，他们"曾经想象一旦吸收了他的哲学思想，不同学科的思想家们就能卓有成效地在自己的领域里应用它们"[1]。

然而，颇具讽刺意味的是，正当维特根斯坦的著作传播越来越广泛的时候，他的思想却在学院派哲学家中开始式微。对此，最重要的原因在于他的思想被新形而上学和科学哲学所淹没，这在美国尤甚，在那里活跃的哲学家包括威拉德·范奥曼·奎因（Willard Van Orman Quine）、唐纳德·戴维森（Donald Davidson）、戴维·刘易斯（David Lewis）、索尔·阿龙·克里普克（Saul Aaron Kripke）和诺姆·乔姆斯基。在英美哲学界同样重要的是新科学学科的兴起，如计算机科学、分子和进化生物学、神经科学和认知心理学。维特根斯坦完全可能把哲学的这种科学化视为现代性的病状。他曾经

---

[1] A. Kenny, *Wittgenstein* (Oxford, 2005), p. XII.

对德鲁里说过:"我的这种思维在当下是不被需要的;我必须尽力才能逆潮流而上。也许一百年后人们才真正需要我现在所写的。"[1] 未来自有评断。的确,《逻辑哲学论》和《哲学研究》今天已被视为经典。在 1998 年的一次职业哲学家测验中,维特根斯坦在各个时代的大人物中名列第五,位于亚里士多德、柏拉图、康德和尼采之后,在休姆和笛卡儿之前。而 2000 年的另一次测验,《哲学研究》当选 20 世纪最重要的哲学著作,《逻辑哲学论》名列第四。但是排名并不就是哲学主导。相反,看一看当下重要的哲学杂志就能看出他的哲学,尤其是他的后期哲学,今天已经被边缘化了。

根据截至 20 世纪末发表的论维特根斯坦的一万种著作和文章,边缘化的说法似乎不太合理。毕竟,维特根斯坦的著作需要编辑和阐释,就如同亚里士多德或康德的著作。但是,"维特根斯坦产业"超越了所需,大量的竞争性阐释、语文学争论、新的"读解"、介绍、学生教科书、文集、会议文献、博士论文等,已经淹没了维特根斯坦的思想。这一产业中出现了已经习以为常的题目,如《新维特根斯坦》(*The New Wittgenstein*)、《维特根斯坦的纸牌》(*Wittgenstein's*

---

[1] R. Monk, *Ludwig Wittgenstein: The Duty of Genius* (London, 1990), p. 486.

Poker)、《维特根斯坦的梯子》(*Wittgenstein's Ladder*)、《第三个维特根斯坦》(*The Third Wittgenstein*)、《维特根斯坦 90 分钟》(*Wittgenstein in 90 Minutes*)、《维特根斯坦放风筝》(*Wittgenstein Flies a Kite*)等。看着这种学术产出,有时得到的印象是它直接与维特根斯坦所希望获得的相对立。因为他的确不想创造一个专家群来写他和他的著作,而只是要革新哲学自身。

然而,事实上,维特根斯坦研究在繁荣,而维特根斯坦哲学则在枯萎,这也许是由于"看清楚作者所论话题的观点是什么"的问题,如斯特劳森在上面的评论中提出的。维特根斯坦著作的一个最大难点在于其不寻常的写作方法,招致矛盾的解读和无数的争论。我们不知道维特根斯坦对哲学写作、对美学标准入侵他的话语所持的态度会不会有害于大家对他的著作的接受。值得提出的是,他本人比同时代的支持者更挑剔自己的写作风格,如他 20 世纪 40 年代的一系列言论所示。1941 年,他在日记中写道:"我的文风就像是糟糕的音乐曲调。"而在 1945 年,在《哲学研究》的前言中,他承认他所能写得最好的文章就是《哲学言论》。1948 年,他用了一个惊人明喻:

十 跋

葡萄干也许是一块蛋糕最好的那部分;但是一袋子葡萄干就不如一块蛋糕好;能够给我们满满一袋子葡萄干的人仍然不能用这些葡萄干烤出一块蛋糕,自不必说更好的东西了。我想到的是克劳斯和他的警句,而就我自己而言,则是我的哲学言论。一块蛋糕并不是看上去的样子:稀少的葡萄干。[1]

维特根斯坦试图把哲学论证与完美的表达结合起来,"解放性的词"在现代哲学中并非独特。我们在欧陆哲学家中看到了各种例子,黑格尔、荷尔德林(Hölderlin)或尼采,在20世纪就更不鲜见了,如海德格尔、本雅明、阿多诺(Adorno)和德里达(Derrida),这些都是要以不同程度和不同理由公开选择特殊写作风格的思想家。写作行为中强化的自我意识实际上是一种非常现代的特征,不仅在哲学领域,更常见于文学,如果我们仅能想到詹姆斯·乔伊斯、马赛尔·普鲁斯特(Marcel Proust)或安德烈·纪德(André Gide)的话。维特根斯坦属于这股现代主义潮流,尽管他的例子有些特别,因为在一些重要方面,他属于分析哲学,比

---

[1] Ludwig Wittgenstein, *Culture and Value* (Oxford, 1980), p. 66e.

维特根斯坦

伊丽莎白·吕特延（Elizabeth Lutyen）1952—1953 年的无伴奏声音，摘自《逻辑哲学论的清唱》（*Motet Excerpta Tractati Logico-Philosophici*），被誉为"维特根斯坦清唱"

起欧陆哲学和文学，这是更近似于逻辑、数学和自然科学的一股哲学思潮。[1] 其全部著作的这种两面性产生于他与两股不同知识思潮的亲和性，使他的著作迷人但也造成了阐释困难，这或许说明了之所以围绕其著作出现了"产业"的原因。

这就是维特根斯坦在当下学界的地位。然而，与弗洛

---

[1] 关于这一观点的两种矛盾意见，见 G. H. von Wright, *The Tree of Knowledge and Other Essays* (Leiden, 1993), and H. -J. Glock, "Was Wittgenstein an Analytic Philosopher?" *Metaphilosophy*, xxxv/4 (2004)。

十 跋

伊德一样,维特根斯坦的影响已经远远超越学界。在他有生之年,在流行文化的年代,维特根斯坦就已经成了一个明星,如一个电视节目所说,就已是"思想之人的英雄"。伊丽莎白·吕特延基于《逻辑哲学论》谱写了"清唱",还有M. A. 奴米南(M. A. Numminem)谱写的《逻辑哲学论组曲》(*Tractatus Suite*)。爱德华多·保罗齐(Eduardo Paolozzi)蚀刻了一组画,题目是《维特根斯坦在纽约》(*Wittgenstein in New York*),而德里克·贾曼(Derek Jarman)则导演了一部成功的影片《维特根斯坦》(*Wittgenstein*),由特里·伊格尔顿提供脚本。描写维特根斯坦生活的几部小说已经出版,如由志同道合的奥地利作家托马斯·伯纳德(Thomas Bernard)出版的《维特根斯坦的外甥》(*Wittgenstein's Nephew*)、由同样志同道合的奥地利诗人英格博格·巴赫曼(Ingeborg Bachmann,这位诗人也做关于维特根斯坦和海德格尔的讲座)出版的《玛丽娜》(*Malina*),以及布鲁斯·达菲(Bruce Duffy)的《我所发现的世界》(*The World as I Found It*)。此外,《逻辑哲学论》的预言式言论,尤其是关于伦理学的言论,以及后期著作中无数惊人的警句,吸引了大量读者,并常常被引用。天哪!这些警句大部分是自足的,只是一座巨大的系统思想之冰山的一个修辞角,所以极少被人理解。最近，维特根斯坦又被冠以后现代主义者、相对主义者、诗人（甚或皮洛怀疑论者 [Pyrrhonist]、禅宗佛教徒、拉比思想家 [rabbinical thinker]）。对于在生命结束时说自己的主要贡献是数学哲学的人来说，这些都是奇怪的阐释：[1] 年轻时发誓不想"证明这个或那个，而只思考事物的真实"的人，[2] 后来，他又说："我知道我的方法是正确的。我父亲是商人，我也是一个商人：我想让我的哲学也像生意一样，有事可做，有事可以解决。"[3] 所有这些都不符合后现代主义的厌倦、不安全感和寂静主义。

尽管如此，大众对维特根斯坦的迷恋也是可以理解的，这是一位饱受折磨的思想家的原型。

> 在我们的文化中，文学和艺术人物常常受到远远超越其作品所及的圈子之外之人的崇敬。他们的生命被视为比他们的传记具有更深刻的意义。人们感到，他们的

---

[1] 见 R. Monk, *Ludwig Wittgenstein: The Duty of Genius* (London, 1990), p. 466。

[2] B. McGuinness, *Young Ludwig: Wittgenstein's Life, 1889-1921* (Oxford, 2005), p. 100.

[3] R. Rhees, ed., *Recollections of Wittgenstein* (Oxford, 1984), pp. 125-126.

十 跋

卡尔·约翰逊(Karl Johnson)在德里克·贾曼1983年的影片《维特根斯坦》中饰演维特根斯坦,画面是维特根斯坦在笼子中,笼子中有另一个笼子,里面是只鹦鹉

劳作、他们的知识和精神努力从一开始就融入和代表了他们所处时代的最深切的张力和冲突之中。也许,这也是路德维希·维特根斯坦的情况。[1]

那么,这或许可以说明我们对维特根斯坦的迷恋:尽管他取得了认识成就,他却从未找到他的位置,他生命中的位

---

[1] P. Hacker, "Wittgenstein, Ludwig Josef Johann (1889-1951)", *Oxford Dictionary of National Biography* (Oxford, 2004).

置——像现代人一样。他努力成为完美的人,但他的生活依然是碎片,充满了成功、矛盾和失败。恰恰在这个意义上,他的生活才是美的,或是典范的。"人死后,我们看到他的生命处于安抚之光中。他的生命圆满地穿过了雾霭。对他来说不存在调和;他的生命是赤裸的和苦难的。"[1]

---

[1] Wittgenstein, *Culture and Value*, p. 46e.

参考书目

引用的路德维希·维特根斯坦的著作

"Lecture on Ethics", in *Philosophical Occasions*

Lectures and Conversations on Aesthetics, Psychological and Religious Belief (Oxford, 1966)

Zettel, ed., G. E. M. Anscombe and G. H. von Wright, trans. Anscombe (Oxford, 1967)

Lectures on the Foundations of Mathematics, Cambridge, 1939 (Ithaca, NY, 1976)

Culture and Value (Oxford, 1980)

Wittgenstein's Lectures, Cambridge, 1930-1932 (Oxford, 1980)

Philosophical Occasions (Indianapolis, IN, 1993)

On Certainty (Oxford, 1996)

Cambridge Letters (Oxford, 1997)

Philosophical Investigations (Oxford, 1998)[本书中简写为 PI]

Wittgenstein's Nachlass: The Bergen Electronic Edition (Bergen and

Oxford, 2000) [References to Wittgenstein's MMS follow to this edition]

Tractatus Logico-Philosophicus (London, 2001)

Public and Private Occasions (Lanham, MD, 2003)

Ludwig Wittgenstein: Briefwechsel (Innsbruck, 2004)

The Big Typescript: TS 213 (Oxford, 2005)

次要文献

"Architekturzentrum Wien", www. nextroom. at/building_article. php?buildding_id=2338&article_id=2967(accessed June 2006)

Ambrose, A., *Essays in Analysis* (London, 1966)

——, and M. Lazerowitz, eds, *Ludwig Wittgenstein: Philosophy and Language* (London, 1972)

Amis, M., *Koba the Dread: Laughter and the Twenty Million* (London, 2002)

Anscombe, E., and P. Geach, *Three Philosophers* (Oxford, 1967)

Bachtin, N., *Lectures and Essays* (Birmingham, 1963)

Baker, G. and P. Hacker, *An Analytical Commentary on the Philosophical Investigations,* 4 vols (Oxford, 1980-96)

Bartley, W. W., *Wittgenstein, III* (La Salle, IL, 1986)

Berlin, I., *Russian Thinkers* (London, 1979)

Bouveresse, J., *Wittgenstein Reads Freud: The Myth of the Unconscious*

(Princeton, NJ, 1995)

Bouwsma, O. K., *Wittgenstein: Conversations, 1949-1951* (Indianapolis, IN, 1986)

Brod, M., *Franz Kafka: A Biography* (New York, 1995)

Cornish, K., *The Jew of Linz* (London, 1998)

Drury, M., "Conversation with Wittgenstein", in *Ludwig Wittgenstein: Personal Recollections,* ed. R. Rhees (Oxford, 1981)

Eagleton, T., "Wittgenstein's Friends", *New Left Review*, I/35 (1982)

——,"Introduction to Wittgenstein", in *Wittgenstein: The Terry Eagleton Script; The Derek Jarman Film* (Worcester, MA, 1993)

Eakin, H., "In Vienna, a New View of Wittgenstein Home", *New York Times*, 28 August 2003

Engelmann, P., *Letters from Ludwig Wittgenstein with a Memoir* (Oxford, 1967)

Fann, K. T., ed. *Ludwig Wittgenstein: The Man and His Philosophy* (New York, 1967)

Gasking, D. A. T., and A. C. Jackson, "Wittgenstein as a Teacher", in *Ludwig Wittgenstein: The Man and His Philosophy*, ed. K. T. Fann (New York, 1967)

Glock, H. -J., *A Wittgenstein Dictionary* (Oxford, 1996)

——. "Was Wittgenstein an Analytic Philosopher?', *Metaphilosophy*, XXXV/4(2004)

Hacker, P., *Wittgenstein's Place in Twentieth Century Analytic Philosophy* (Oxford, 1996)

——, *Insight and Illusion* (Bristol, 1997)

——, 'Wittgenstein, Ludwig Josef Johann(1889-1951)', *Oxford Dictionary of National Biography* (Oxford, 2004)

——, 'Gordon Baker's Late Interpretation of Wittgenstein', in *Wittgenstein and His Interpreters*, ed. G. Kahane, E. Kanterian and O. Kuusela (forthcoming)

Hamann, B., *Hitler's Vienna: A Dctator's Apprenticeship* (Oxford, 1999)

Hargrove, E. C., 'Wittgenstein, Bartley, and the Glockel School Reform', *Journal of the History of Philosophy,* XVIII (1980)

Heidegger, M., *Being and Time* (Oxford, 1962)

——, *Die Selbstbehauptung der deutschen Universitat* (Frankfurt, 1982)

——, *Introduction to Metaphysics* (New Haven, CT,, 2000)

Hertz, H. R., *The Principles of Mechanics* (London, 1899)

Hintikka, J., *On Wittgenstein* (Belmont, CA,2000)

Janik, A., and S. Toulmin, *Wittgenstein's Vienna* (New York, 1973)

Johannessen, K. S., R. Larsen and K. O. Amas, *Wittgenstein and Norway* (Oslo, 1994)

Kahane, G., E. Kanterian and O. Kuusela, eds, *Wittgenstein and His Interpreters* (forthcoming)

Kenny, A., *Wittgenstein* (Oxford,2005)

Klagge, J., ed. *Wittgenstein: Biography and Philosophy* (Cambridge, 2001)

Leitner, B., *The Wittgenstein House* (New York, 2000)

Lüceanu, G., *The Paltinis Diary* (Budapest, 2000)

McGuinness, B., *Approaches to Wittgenstein: Collected Papers* (London, 2002)

——, *Young Ludwig: Wittgenstein's Life, 1889-1921* (Oxford, 2005)

Malcolm, N., *A Religious Point of View?* (London, 1993)

——, *Ludwig Wittgenstein: A Memoir* (Oxford, 2001)

Mehta, V., *Fly and the Fly-Bottle: Encounters with British Intellectuals* (Harmondsworth, 1965)

Midgley, M., *The Owl of Minerva: A Memoir* (London, 2005)

Monk, R., *Ludwig Wittgenstein: The Duty of Genius* (London, 1990)

Nedo, M., and M. Ranchetti, *Wittgenstein: Sein Leben in Bildern und Texten* (Frankfurt, 1983)

Pascal, F., 'Wittgenstein: A Persoanl Memoir', in *Ludwig Wittgenstein: Personal Recollections,* ed. R. Rhees (Oxford, 1981)

Pears, D., *The False Prison: A Study of the Development of Wittgenstein's Philosophy* (Oxford, 1987-8)

Perloff, M., *Wittgenstein's Ladder: Poetic Language and the Strangeness of the Ordinary* (Chicago, IL, 1996)

Redpath, T., *Wittgenstein: A Student's Memoir* (London, 1990)

Rhees, R., ed., *Ludwig Wittgenstein: Personal Recollections* (Oxford, 1981)

—— , *Recollections of Wittgenstein* (Oxford, 1984)

Rozema, D., 'Tractatus Logico-Philosophicus: A "Poem" by Ludwig Wittgenstein', *Journal of the History of Ideas,* LXIII/2 (2002)

Russell, B., *Autobiography* (London, 2000)

Sarniz, A., *Adolf Loos* (London, 2003)

Schroeder, S., *Wittgenstein: The Way out of the Fly-Bottle* (Cambridge, 2006)

Stern, D., 'The Significance of Jewishness for Wittgenstein's Philosophy', *Inquiry*, XLIII (2000)

—— , 'Was Wittgenstein a Jew?', in *Wittgenstein: Biography and Philosophy*, ed. J. Klagge (Cambridge, 2001)

Strawson, P. F., *Freedom and Resentment, and Other Essays* (London, 1974)

Timms, E., *Karl Kraus: Apocalyptic Satirist: Culture and Cattastrophe in Habsburg Vienna* (New Haven, CT, and London, 1986)

Waismann, F., *Wittgenstein and the Vienna Circle: Conversations* (Oxford, 1979)

—— , *The Principles of Linguistic Philosophy* (Basingstoke, 1997)

Wall, R., *Wittgenstein in Ireland* (London, 2000)

Wang, W., 'The Wittgenstein House – Review', *Architectural Review* (September 2001)

Weininger, O., *Sex and Character* (London, 1906)

Weinzierl, U., 'Der Fluch des Hauses Wittgenstein', *Die Welt*, 5 July 2003

Wijdeveld, P., *Ludwig Wittgenstein, Architect* (London, 1994)

Wilson, C., *The Misfits: A Study of Sexual Outsiders* (London, 1988)

Wittgenstein, H., 'Recollections' (1948), unpublished

——, 'My Brother Ludwig', in *Ludwig Wittgenstein: Personal Recollections*, ed. R. Rhees (Oxford, 1981)

Wood, O. P., and G. Pitcher, eds, *Ryle* (London, 1970)

Wright, G. H. von, *The Tree of Knowledge and Other Essays* (Leiden, 1993)

网站

www. nextrrom. at (Haus Wittgenstein)

www. spiluttini. com(Haus Wittgenstein)

Gandalf. aksis. uib. no/wab/(Wittgenstein Archives in Bergen)

Plato. stanford. edu/entries/wittgenstein/

www. uweb. ucsb. edu/-luke_manning/tractatus/tractatus-jsnav. html (Tractatus online)

www. marxists. org/reference/subject/philosophy/works/at/wittgens. htm(Wittgenstein's Lectures on philosophy, 1932-3)

致 谢

Ame Berges, Jakob A. Bertzbach, Anna Dimitrijevics, Peter Hacker, Steven Hall, Guy Kahane, Michael Stoynov and Ivaylo Vlav 为本书的撰写提出了宝贵建议和讨论。古斯塔夫·克里姆特的维特根斯坦姐姐的画作（第18页）藏于慕尼黑的 Neue Pinakothek；第188页的照片源自华盛顿特区国会图书馆（Prints and Photograph Division），"维特根斯坦清唱"开篇页的复制获得伦敦司各特音乐有限公司的许可（第202页；版权所有），在此一并感谢。